KOMPASS-LEXIKON

Die KOMPASS-Wanderkarte 1:50 000, Blatt 1019 umfaßt das Gebiet des **Ostharzes** vom Brocken im Westen bis Ballenstedt und Wippra im Osten. Dieses nördlichste deutsche Mittelgebirge kann nach 28 Jahren der Grenzbefestigung nunmehr grenzenlos von West nach Ost und umgekehrt bereist und erwandert werden. Für die norddeutschen Großstädter stellt der Harz mit seiner vielfältigen Landschaftsstruktur ein gern besuchtes Naherholungsgebiet dar. Der östlich gelegene Unterharz weist im Gegensatz zum westlichen Oberharz ein milderes Klima auf. Der Mittelharz mit dem Brocken ist bekannt für häufigen Nebel, der sich allerdings vormittags oder nachmittags auf dem Brocken schnell heben kann und einen wunderbaren Blick über das ca. 90 km lange sowie ca. 30 km breite Gebirge mit seinem Vorland freigibt.

Geschichte

In den Randgebieten stammen die ältesten Besiedlungsnachweise aus der Altsteinzeit (100 000 v. Chr.). Die natürlichen Höhlen des Harzes selber weisen ebenfalls Nutzungsspuren aus dieser Zeit auf. Seit dem 3./4. Jh. spielte der Erzabbau eine wichtige Rolle. Seine Rentabilität ging erst im 20. Jh. zurück. Die zahlreichen Burgen und Schlösser aus dem Mittelalter weisen nicht nur auf die führende Rolle des Harzes in den ersten Jahrhunderten des Deutschen Reiches hin, sondern auch auf das Kleinstaatenwesen jener Zeit. In Quedlinburg wurden bis zur Mitte des 12. Jh. Reichstage abgehalten, Wälder des Harzes zum Reichsbannforst erklärt und damit zum Jagdrevier deutscher Kaiser und Könige. Zu Beginn des 13. Jh. verloren diese an Einfluß und dadurch auch das Rittertum. Von letzteren erschlossen sich einige als Raubritter neue Einnahmequellen durch Überfälle und Plünderung von Dörfern und Städten. Das zur gleichen Zeit erstarkende Bürgertum setzte sich erfolgreich zur Wehr, zerstörte viele Festungen und stellte die Sicherheit der Straßen und Städte wieder her, eine wichtige Voraussetzung für die wirtschaftlich bedeutenden Handelswege der Region.

Reformation, Bauernkrieg und Dreißigjähriger Krieg hinterließen ihre zerstörerischen Spuren. Richtete sich die Empörung der Bauern gegen die Grundherren und beschädigte zumeist Klöster (z. B. Klosterkirche Michaelstein, Kloster Blankenburg), so wurden während des Dreißigjährigen Krieges ganze Ortschaften niedergebrannt (Elbingerode, Ilsenburg) sowie das gesamte Harzgebiet sehr stark in Mitleidenschaft gezogen. In den nachfolgenden Jahrhunderten hat man die Städte wieder aufgebaut und mit bemerkenswerten profanen und sakralen Bau- und Kunstwerken ausgestattet.

Seine einstige politische Bedeutung konnte das Gebiet aber nicht mehr erlangen. Allerdings sorgte der sich langsam entwickelnde Fremdenverkehr seit dem Ende des 18. Jh. für zunehmende Beliebtheit des Harzes. Wesentlich trugen dazu die Reiseschilderungen berühmter

Weit schweift das Auge über die Wiesen und Felder des Nördlichen Harzer Vorlandes

Dichter bei, wie Goethe, Heine, Novalis, Eichendorff, Raabe und Andersen. Auch verbesserte Straßen und der Ausbau des Eisenbahnnetzes waren wesentlich bei dieser Entwicklung. Stagnation und Rückschritt brachte die Teilung Deutschlands und des Harzes nach dem Zweiten Weltkrieg. An ihrer Überwindung nach der Wiedervereinigung wird intensiv gearbeitet.

Der Brocken

In Goethe fand dieser Berg seinen bekanntesten und nachhaltigsten Bewunderer. 1777 unternahm er die erste Winterbesteigung des Gipfels vom Torfhaus aus, über Eckersprung und Königsberg. Seit 1891 wird diese Strecke Goetheweg genannt. Er verarbeitete seine Eindrücke dieser sagenumwobenen Landschaft in seinen Werken. Bekanntestes Beispiel ist die Walpurgisnacht im Faust. Der Beginn des Brockentourismus geht aber eigentlich auf den Herzog von Braunschweig zurück, der 1591 seiner Gemahlin den höchsten Berg des Landes zeigen wollte. Im 18. Jh. wurden Fahrwege bis zur Heinrichshöhe angelegt, wo 1743 das erste Brockenhaus, ursprünglich für die Torfarbeiter, errichtet wurde. Auf dem Gipfel stand bereits seit 1736 eine kleine Schutzhütte, das sogenannte Wolkenhäuschen. Im 19. Jh. mußte das Brockenhaus nach mehreren Bränden neu gebaut werden, wobei die Kapazitäten jeweils erweitert wurden. Seit 1899 war der Gipfel mit der Brockenbahn erreichbar bis zum 12. August 1961. Die deutsche Teilung verlief mitten durch den Harz, und der Brocken lag fortan im östlichen Teil Deutschlands, im Grenzsperrgebiet, nur noch mit Passierschein besteigbar, auf Militär und Meteorologen beschränkt. Anstelle des Hotels wurden Kasernen gebaut und der Gipfel 1981 mit einer 3 m hohen Mauer umgeben. Im Dezember 1989 bekamen die ersten Touristen wieder Zutritt zum Berggipfel mit den bizarren Granitfelsen „Hexen-Waschbecken“, „Hexen-Altar“ und „Teufelskanzel“.

Die Bode

Die Bode (169 km Länge) hat ihr Quellgebiet in den niederschlagsreichen (1000 bis 1600 mm/Jahr) Hochmooren des Oberharzes. Unterhalb des Brockens entspringen die **Kalte** und die **Warme Bode**, weiter südlich die **Rappbode**. Ab Wendefurth zur Bode vereint, durchfließt sie Thale und Quedlinburg und mündet bei Nienburg in die Saale. Tief hat sich der Fluß in das Harzgestein eingeschnitten, ganz besonders eindrucksvoll am dicht bewaldeten nördlichen Harzrand bei Thale. Wichtig wurde der Fluß durch den Bau von Talsperren für die **Trinkwasserversorgung** des östlichen Harzvorlandes, des im Regenschatten des Gebirges liegenden industriellen Ballungsgebietes um Halle, Leipzig und Magdeburg. Gleichzeitig dienen die Bodetalsperren – 1959 wurde das Kernstück des Systems, die **Rappbodetalsperre** in Betrieb genommen – zur **Energiegewinnung** und als **Hochwasserschutz**.

Blick vom Wurmberg auf den sagenumwobenen Brocken

Pläne für die Talsperre bestanden bereits seit 1911. Einschließlich weiterer Sperren und Staubecken können nahezu 2 Mio. Menschen mit Trinkwasser versorgt werden.

Geologie

Aus der **norddeutschen Tiefebene** hebt sich gegen Süden der Harz, ein **Mittelgebirge,** dessen Aufbau und Geschichte einzigartig ist. Hier tritt das paläozoische Grundgebirge, teilweise bis zu 500 Millionen Jahre alt, zu Tage. Der Harz ist die nordöstliche Fortsetzung des Rheinischen Schiefergebirges. Er wurde als südwärts gekippte Scholle aus den umrahmenden jüngeren Gesteinen herausgehoben. Die Zusammensetzung der Formationen, ihre **Fossilien und Lebensspuren** enthüllen die komplizierte Entstehungsgeschichte dieser herrlichen Landschaft. Berühmte Erzlagerstätten, wie der Rammelberg bei Goslar und Elbingerode, waren im Mittelalter überregional bekannt.
470 Millionen Jahre alte marine Mikroorganismen geben Aufschluß über das Mindestalter des Gebirges und weisen darauf hin, daß der Raum damals von Meer bedeckt war. Die Mikrofossilien des **Ordoviciums** wurden in metamorphen tonig-sandigen Sedimenten der Wippraer Zone, im Südosten des Harzes, gefunden. Überlagert werden sie von tonig-schiefrigen Gesteinen mit versteinerten Graptolithen (koloniebildende Polypen in einer chitinähnlichen Hülle) des **Silur** und kalkig-kieselige, sandige Ablagerungen aus dem **Devon.** Die auftretenden Riffkalke (Iberger Kalk) haben sich ursprünglich im flachen Meer abgelagert. Die **Dehnung** der Erdkruste im Altpaläozoikum führte zu Blockverstellungen, zur Gliederung in Schwellen und Senken. Dabei bewegten sich Ströme von teilweise verfestigtem Sediment und riesigen Blöcken, den sogenannten **Olistostromen,** am leicht geneigten Meeresboden. Die Rutschmassen und Gleitkörper wurden bis zu 25 km weit transportiert. An den Schwächestellen stiegen Schmelzen aus dem Erdinneren auf. Um Elbingerode kam es zu regem **Vulkanismus,** aus dem Erdinneren wurden Laven und Tuffe (Schalsteine) gefördert. Mit dem Vulkanismus traten erzhaltige Lösungen aus, aus denen die Sulfiderzlagerstätten von Rammelsberg (Blei, Zink) und die Roteisensteinvererzungen von Elbingerode entstanden. Im Anschluß an die Dehnungsphase kam es zu einer **Einengung** der Erdkruste. Im Vorfeld der Gebirgsbildung wurden im **Karbon,** von Südosten nach Nordwesten fortschreitend, große Sedimentmengen von Grauwacken und Sandsteinen geschüttet, **paläozoischer Flysch** bezeichnet. Die Kennzeichen dieser Serien sind Wechsellagerungen von grob- und feinkörnigen Bänken. Jede Abfolge von Konglomeraten, Sandsteinen, Mergeln und Tonschiefern entspricht der Schüttung eines Trübestromes (Turbidit) am Meeresboden. Dazu gehören charakteristische Strömungs- und Belastungsmarken an den Schichtunterseiten sowie Kriech- und Weidespuren mariner Organismen an den Schichtoberflächen. Die massive Einengung im Jungpaläozoikum führte zur **variszischen Gebirgsbildung,** in der Gesteinsmassen deformiert wurden. Der Untergrund faltete sich dabei in Sättel und Mulden. An Schwäche-

Ein Paradies für Kletterer sind die steilen, zerklüfteten Kreidesandsteinfelsen wie die Teufelsmauer bei Blankenburg (oben) oder der Schierker Feuerstein (unten)

zonen der Erdkruste drangen granitische Schmelzen in das Umgebungsgestein ein und erstarrten dort, Tiefengesteine oder Plutone genannt. **Brocken- und Ramberg-Pluton** wurden erst nach Jahrmillionen durch die nachfolgende Hebung und Abtragung freigelegt. Durch die Abkühlung des Granits entstand ein regelmäßiges Muster von Spannungsklüften. Ein senkrecht stehendes System paralleler Klüfte wird von einem, zwiebelschalenartig zur Oberfläche des Plutons orientierten, dritten **Kluftsystem** geschnitten. Die vorgegebenen Kluftrichtungen geben dem in Steinbrüchen gewonnenen Granit eine hervorragende Teilbarkeit. Im Randbereich der eingedrungenen glutflüssigen Magmen wurde das Nebengestein durch **Kontaktmetamorphose** umgewandelt. Durch die besondere Verwitterungsbeständigkeit des Granits erhebt sich der Brocken mit 1142 m weit über sein Umland. Am Ende des Paläozoikums kam es zur **Kippung, Hebung und Senkung** von weiten Krustenteilen. Während der Harz gehoben und wie eine Pultscholle gegen Süden gekippt wurde, senkte sich das südliche und nördliche Umland, umflutet vom Meer. Im **Mesozoikum** kam hier die **Schichtfolge der germanischen Trias** mit Buntsandstein, Muschelkalk und Keuper zur Ablagerung. Am Ende der Kreide, vor ca. 70 Millionen Jahren, überschob der aufsteigende Harz das nördliche anschließende Becken. Die Schichten wurden dabei steil aufgerichtet und das Vorland in Mulden und Sättel gefaltet (Blankenburger Mulde, Quedlinburger Sattel). Das eindrucksvollste Beispiel für die **Harzüberschiebung** ist wohl die steilgestellte Kreidesandsteinschicht der Teufelsmauer zwischen Neinstedt und Thale. Mit der weiteren Hebung des Harzes und seiner Umgebung kam es im Tertiär zur Einebnung und Ausbildung eines Rumpfgebirges mit einer treppenförmigen Anordnung verschiedener Erosionsniveaus. Der Harz wurde gerade noch von den Ausläufern der Nordeuropäischen Vereisung des **Quartär** erreicht. Die Verbreitung der Feuersteingerölle zeigt, daß der Ostharz in der **Esterkaltzeit** von Eis bedeckt war. Der Südrand der Vergletscherung während der **Saaleeiszeit** vor ca. 100 000 Jahren reichte bis in das nördliche Harzvorland, wovon die Eiszeitdenksteine von Wernigerode und Blankenburg zeugen. In der allerjüngsten Erdgeschichte prägen weniger die natürlichen geologischen Vorgänge die Landschaft als die Eingriffe des Menschen, die in geologisch kürzester Zeit durch Siedlungstätigkeit, die landwirtschaftliche, bergbauliche, industrielle, touristische und energiewirtschaftliche Nutzung die Landschaft nachhaltig verändern. Das Harzmuseum Wernigerode informiert in einem Streifzug durch die Erdgeschichte über den geologischen Werdegang dieser Region.

Die Harzer Schmalspurbahnen und ihre Geschichte

Der Harz, Deutschlands nördlichstes Mittelgebirge, wird in seinem östlichen Teil von einem *einzigartigen Schmalspur-Streckennetz* durchquert. Mit diesem noch heute fahrplanmäßig mit Dampfverkehr betriebenen Netz wird die zerklüftete Gebirgswelt für den Reiseverkehr

Ein Höhepunkt des Hexentreibens: die Walpurgisfahrt mit einem Eisenbahn-Oldtimer

erschlossen. Die kleinen Züge mit ihren dampfenden Stahlrössern führen den Reisenden durch tiefen Harzwald, über steile Berge und durch romantische Schluchten, vorbei an ausgedehnten Wiesen und hin zu wunderschönen Ortschaften. Im Vergleich mit anderen „kleinen" Bahnen zeichnen sich die Harzer Schmalspurbahnen (die **Harzquerbahn**, die **Brockenbahn**, die **Selketalbahn**) durch einige *Superlative* aus: So haben die seit 1972 unter Denkmalschutz stehenden Bahnen mit 132 Kilometern z. B. das *längste Streckennetz Deutschlands* vorzuweisen, und der *Brockenbahnhof* liegt auf 1125 Metern Höhe auf dem höchsten Gipfel Norddeutschlands. Im Verlauf der drei Strecken werden über *400 Brücken, Wasserdurchlässe und Überführungen* sowie der *einzige Tunnel* aller Schmalspurbahnen in den neuen Bundesländern passiert. In den vielen schmalen Tälern des Harzes beschreiben die Gleise unzählige Bögen. Allein zwischen Steinerne Renne und Drei-Annen-Hohne durchfahren die Züge der Harzquerbahn schon 72 Bögen. Der kleinste Bogenradius beträgt nahe Steinerne Renne nur ganze 60 Meter. Viel Arbeit leisten Lokführer und Heizer aber vor allem auf den langen Bergfahrten; bei Steigungen von bis zu 1:25 (^40‰) werden höchste Anforderungen an Mensch und Maschine gestellt.

Als Friedrich List 1833 seinen Entwurf eines deutschen Eisenbahnnetzes vorlegte, war der Harz ausgespart. 1846 jedoch plante man eine Fernverbindung St. Petersburg – Straßberg – Nordhausen – Göttingen. Doch dieser Plan des Herzogtums Anhalt-Bernburg wurde nie verwirklicht. Als 1865 die Königlich-Preußische Eisenbahn eine Verbindung zwischen Berlin und Wetzlar in Angriff nahm, sollte bei Straßberg auch der Harz gequert werden. Tatsächlich wurde diese Trasse dann im Mansfelder Land über Hettstedt und Sangerhausen geführt. Erst 1897 konnte ein Teilstück der Harzquerbahn eröffnet werden, die neben der Personenbeförderung auch dem Holztransport dienen sollte, um die Harzer Hammerwerke mit Brennstoff zu versorgen. Zehn Jahre zuvor war die Gernrode-Harzgeroder-Eisenbahn, eine Schmalspureisenbahn, in Betrieb genommen worden. Schließlich wurde die Trasse der Harzquerbahn, die sich über 60,5 km erstreckt, doch noch in einer Rekordbauzeit von drei Jahren vollständig zwischen Nordhausen und Wernigerode fertiggestellt. Siebzehn Stationen liegen auf dieser Strecke. Sehr kurvenreich ist die Strecke der Selketalbahn, die über Harzgerode und Straßberg verkehrt und als der romantischste Teil des Schmalspurnetzes gilt – ein Geheimtip für Naturfreunde. In Alexisbad läßt die alltägliche *Doppelausfahrt zweier Dampfzüge* die Herzen höher schlagen. Erwähnenswert ist auch die täglich mehrmalige Fahrt durch die Wendeschleife in Stiege, der *kleinsten Wendeschleife Europas*. Für die Abwicklung des Reisezugverkehrs stehen den Harzer Schmalspurbahnen vorrangig 25 Dampflokomotiven zur Verfügung. In der Regel bedienen die 17 Dampfloks aus den 50er Jahren den fahrplanmäßigen Zugbetrieb, der über das ganze Jahr zwischen allen 35 Bahnhöfen und Haltepunkten herrscht. Von besonderer Kostbarkeit sind die acht *historischen Dampflokomotiven*. Die älteste, eine Malletlok, stammt aus dem Jahre 1897.

Durchfährt den romantischsten Streckenteil: die Selketalbahn

H Die Harzquerbahn S Die Selketalbahn B Die Brockenbahn

Auskunft über die Fahrpläne und das vielfältige Zusatzangebot: z. B. Ehrenlokführerausbildung, Führerstandsmitfahrten, Fahrradverleih, geführte Wanderungen und Radwanderungen geben die Harzer Schmalspurbahnen GmbH, Forkestraße 17, 38855 Wernigerode, Tel. 0 39 43/55 81 43, Fax 0 39 43/3 21 07 und die Informationsbüros: Bf. Wernigerode, Tel. 0 39 43/55 81 62, Bf. Wernigerode Westerntor, Tel. 0 39 43/ 55 81 60 und Bf. Nordhausen Nord, Tel. 0 36 31/629151. An den entsprechend gekennzeichneten Bahnhöfen gibt es auch einen Fahrradverleih.

Politische Übersichtsskizze

DEUTSCHLAND, Land Sachsen-Anhalt
Lkr. Wernigerode **Lkr. Halberstadt** **Lkr. Quedlinburg**

Land Niedersachsen
Lkr. Osterode a. Harz **Lkr. Goslar**

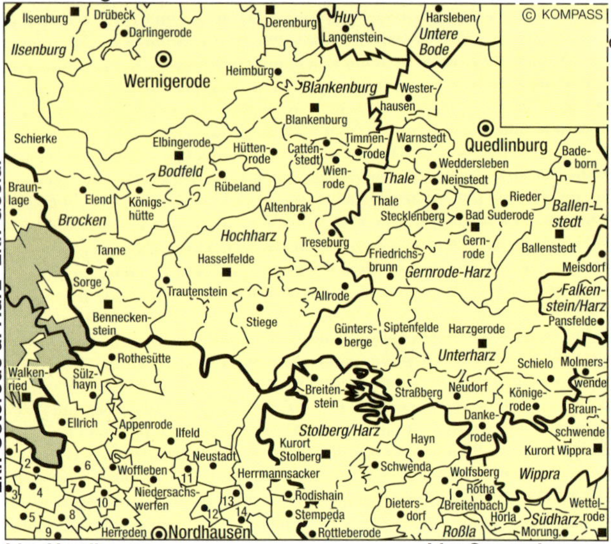

Lkr. Aschersleben
Lkr. Mansfelder Land

Lkr. Nordhausen **Lkr. Sangerhausen**
Land Thüringen **Land Sachsen-Anhalt**

▬	Landesgrenze	⦿	Sitz der Kreisverwaltung
▬	Regierungsbezirksgrenze	■	Sitz einer Verwaltungsgemeinschaft
—	Landkreis- bzw. Stadtkreisgrenze	*Hochharz*	Name einer Verwaltungsgemeinschaft
—	Grenzen der kreisangehörigen Gemeinden (Einheitsgemeinden), der Verwaltungsgemeinschaften und der gemeindefreien Gebiete	●	Stadt bzw. Gemeindehauptort
— —	Grenze der Mitgliedsgemeinden einer Verwaltungsgemeinschaft	▢	Gemeindefreies Gebiet (Landfläche)

1 = Branderode, 2 = Obersachswerfen, 3 = Holbach, 4 = Liebenrode, 5 = Pützlingen, 6 = Gudersleben, 7 = Mauderode, 8 = Günzerode, 9 = Haferungen, 10 = Hörningen, 11 = Harzungen, 12 = Petersdorf, 13 = Buchholz, 14 = Steigerthal

Ortsbeschreibungen:

BALLENSTEDT HI 2

Stadt, Lkr. Quedlinburg, Einw. 8685, Höhe 200–250 m, Postltz.: 06493. **Auskunft:** Informationszentrum, Ricarda-Huch-Straße 13, Tel. 03 94 83/2 63. **Bahnstation:** im Ort

Der Ort liegt an den östlichen Ausläufern der Teufelsmauer, umgeben von einer reizvollen Landschaft. Der Überlieferung zufolge soll er von einem Ritter Ballo gegründet worden sein. Nach den ältesten urkundlichen Zeugnissen errichtete Graf Esico von Ballenstedt 1043 ein Kollegiatsstift auf dem heutigen Schloßberg, das 1123 von den Benediktinern übernommen wurde. Während des Bauernkriegs von 1525 wurde das Kloster fast vollkommen zerstört und machte dem Schloß Platz, das die Fürsten von Anhalt-Bernburg an selber Stelle errichten ließen. Vermutlich 1543 bekam der Ort die Stadtrechte. Während des Dreißigjährigen Krieges litt er stark unter Plünderungen, von denen er sich nicht so schnell erholte. Erst während der Regierungszeit der Fürsten zu Anhalt (1765–1863), die Ballenstedt zu ihrer Residenzstadt machten, vollzog sich ein deutlicher wirtschaftlicher Aufschwung, der sich architektonisch, u. a. in dem Bau von Patrizierhäusern an der Schloßallee, auswirkte. Neben einigen Industriebetrieben ist heute der Fremdenverkehr ein wichtiger Wirtschaftszweig.

Sehenswert im Ort und in der Umgebung

Das **ehemalige Schloß** oberhalb des Ortes auf dem Schloßberg beherbergte bis 1990 die Ingenieurschule für Forstwirtschaft. Es wurde in der ersten Hälfte des 18. Jh. als barocke dreiflügelige Anlage errichtet, in die man Reste der romanischen Stiftskirche aus dem 11. Jh. einbezogen hat. Die Schloßkapelle am Ende des Nordflügels wurde 1945 zerstört. Übrig blieb die dreischiffige Krypta mit Kreuzgratgewölbe aus dem 18. Jh. Im westlichen Teil des Nordflügels sind Reste eines romanischen Turmes und ein zweischiffiges romanisches Refektorium erhalten, im Kultursaal Wandmalereien aus der 2. Hälfte des 18. Jh. – Zu einem Spaziergang lädt der weitläufige **Schloßpark** ein. Der westliche Teil zwischen Glockenteich und der 1785 erbauten Schloßmühle ist nach englischem Vorbild und Entwürfen von Peter Joseph Lenné ab 1858 in einen Landschaftspark umgewandelt worden. Bemerkenswert ist die terassenförmig angelegte Hauptachse mit vier Wasserbecken und Fontänen, die an italienische Terassengärten erinnern. – In der Nähe des Schlosses, am Goetheplatz, steht das schlichte klassizistische **Theater** von 1788, eine zweigeschossige kreuzförmige Anlage. Hier gastierten u. a. Franz Liszt und Albert Lorzing. – Gegenüber ist in einem restaurierten palaisartigen Mansardhaus aus der zweiten Hälfte des 18. Jh. das **Heimatmuseum** untergebracht. Volkskundliche Sammlungen werden ebenso gezeigt wie Modelle der Burg Anhalt, nördlich von Harzgerode gelegen, und Material über den Maler und Schriftsteller Wilhelm von Kügelgen (1802–1867). – Um den **Marktplatz** der Altstadt reihen sich weitere Sehenswürdigkeiten. Ein kleines zweigeschossiges Fachwerkhaus von 1683, das **Alte Rathaus** und ihm gegenüber der **Marktturm** und die **Pfarrkirche St. Nikolai** aus dem Jahre 1326. Bei einem Stadtbrand wurde sie 1498 bis auf den Turm zerstört und zwei Jahre später als einschiffiger spätgotischer Bau wieder errichtet. Die Emporen gestalteten 1587 H. und M. Becker. – Ebenfalls am Marktplatz steht das **Neue Rathaus,** 1906 von Alfred Messel im neobarocken Stil gebaut. – Der **Oberhof** rechts daneben entstand 1480 als Dreiflügelanlage im Renaissancestil, in der noch einige ältere romanische Reste erhalten sind. Der Eingang in die heutige Kindertagesstätte erfolgt durch drei dekorative Bogen. – Zwei Kilometer westlich liegt die romantische **Roseburg**, 1906/07 von dem

Berliner Architekten Bernhard Sehring gebaut. Der Ursprung der Burg geht urkundlich gesichert auf das Jahr 964 zurück, als die „Rodelvesborch" an das Gernroder Damenstift übertragen wurde. Vor dem Verkauf an Sehring war sie bis auf den Bergfried verfallen. Türme, Zinnen, Zugbrücke, Torhaus, Wehrgang, Wartturm, Bergfried und Palas lassen vergangene Zeiten innerhalb einer 1600 m langen Mauer wieder auferstehen. Seit der Restaurierung 1967 dient sie als Veranstaltungszentrum für Ausstellungen, Konzerte und Volksfeste. Sehenswert ist auch der **Park** mit Skulpturen, Brücken, Brunnen und barocken Wasserspielen. – Ungefähr 7 km südlich von Ballenstedt liegt die **Burg Falkenstein** über dem Selketal. Ihr Bau wurde 1120 begonnen und als Dreiflügelanlage erst 1260 fertiggestellt. Sie gilt als eine der schönsten und besterhaltenen Burgen des Harzes, die als ausgeklügelte Festungsanlage mit fünf Zwingern im Mittelalter eine bedeutende Rolle in dieser Region spielte. Nach dem Aussterben des Grafengeschlechts von Falkenstein wechselte die Burg mehrmals die Besitzer. 1946 wurde nach der Renovierung der Innenräume ein Museum für Kultur- und Jagdgeschichte eröffnet. Zimmer aus Renaissance, Barock und Biedermeier sind mit gut erhaltenem Inventar zu besichtigen, ebenso wie eine Sammlung von Jagdgeräten und eine Ausgabe des Sachsenspiegels von 1569. Ein wahres Kleinod stellt die **Burgkapelle** dar, die zu Beginn des 13. Jh. errichtet wurde und zu den ältesten Räumen der Burg zählt. Gewölbe und Bemalung stammen aus dem 16. Jh. Sehenswert sind die fünf Tafelbilder mit biblischen Themen von 1594, weiterhin Gestühl, Empore und Kanzel aus der Zeit um 1600. An der Burg verweist der „Juristenstein" auf den Sachsen Eike von Repgow, der hier im Auftrag des Grafen Hoyer von Falkenstein zwischen 1220 und 1230 seinen lateinisch verfaßten **Sachsenspiegel** ins Niederdeutsche übersetzte. Dieses älteste und einflußreichste Rechtsbuch des deutschen Mittelalters beinhaltet die gewohnheitsrechtlichen Regeln des Land- und Lehnsrechts. Nicht zuletzt die populäre Übersetzung begünstigte seinen Einfluß und die Verbreitung über das deutsche Reichs- und Sprachgebiet und sogar in Teile Rußlands, Polens und Ungarns. In Thüringen und Anhalt war er bis 1900 gültig.

Spazier- und Wanderwege

Zum Schloßteich und Glockenteich, 1/2 Std. – Zur Roseburg, 3/4 Std. – Zur Burg Falkenstein, 2 Std. – Groß Gegenstein, zurück über Steinberge, 1 Std, – Zum Großen Hausberg mit Burg Anhalt, 1 1/2 Std. – Schloßteich, Glockenteich, Röhrteich, 2 km weiter bis Weggabelung, zurück über Mittelberg, 2 Std.

BENNECKENSTEIN B 3

Stadt, Lkr. Wernigerode, Einw. 3000, Höhe 563 m, Postltz.: 38877. **Auskunft:** Kurverwaltung, Am Kurpark, Tel. 03 94 57/26 12 und 4 06 14. **Bahnstation:** im Ort (Harzquerbahn), Wernigerode, Nordhausen.

Der Luftkurort, seit 1887, liegt im Oberharz an der Rappbode. Erstmals 1319 erwähnt, erhielt er 1741 Stadtrecht durch Friedrich II. von

Preußen. Im Mittelalter spielten Eisenbergbau und Hüttenwesen eine bedeutende wirtschaftliche Rolle. Heute ist der Fremdenverkehr dominierend. Gute Wander- und Wintersportmöglichkeiten locken die Gäste.

Sehenswert im Ort und in der Umgebung

Alte Pfarre von 1656, die im 17. Jh. der Musiktheoretiker und Organist Andreas Werekmeister bewohnte. – **Schwarzburger Rathaus** in der Nordhäuser Straße. – **Kurpark** mit Gondelteich. – 5 km östlich liegt die mittelalterliche Bergbausiedlung **Trautenstein** an der **Rappbodetalsperre.** Im Ort steht eine **Holzkirche** von 1701 und 2 km nördlich das **Bodendenkmal Trageburg** aus dem 13. Jh.

Spazier- und Wanderwege

Zum Waldschlößchen über Harzhaus, 1/2 Std. – Nach Hohegeiß, 1 Std. – Sorge, Tanne, zurück über Alte Eiche, 1 1/2 Std. – Östlich zunächst entlang der Rappbode dann zum Buchenberg, 1 Std. – Nach Trautenstein, evtl. weiter zur Trageburg oberhalb der Rappbodetalsperre, 1 1/2 – 2 Std.

BLANKENBURG E 1-2

Stadt, Lkr. Wernigerode, Einw. 19 500, Höhe 180 – 310 m, Postltz.: 38889. **Auskunft:** Fremdenverkehrsamt, Kurverwaltung, Tränkestraße 1, Tel. 0 39 44/28 98 und 6 31 02. **Bahnstation:** im Ort (Rübelandbahn), Halberstadt.

Am Nordrand des Mittelharzes liegt dieser Kurort und Moorheilbad, der sich besonders durch sein mildes Klima auszeichnet. Um 1200 entstand die Stadt, die dem Grafengeschlecht von Blankenburg gehörte. Mit dessen Aussterben fiel sie 1599 an das Herzogtum Braunschweig-Wolfenbüttel. 1690 wurde sie Residenz und 1707 reichsunmittelbares Fürstentum. In diese neue Epoche fällt der Umbau der Burg zum Barockschloß und der Bau des Lustschlosses von 1725. Dem späteren König Ludwig XVIII. von Frankreich wurde während der Französischen Revolution 1796 in Blankenburg Asyl gewährt. Mit ihm kamen weitere Emigranten des französischen Hochadels. Fremdenverkehr gibt es im Ort seit Beginn des 19. Jh. Mit den ersten Brunnenkuren kam 1846 eine weitere Attraktion hinzu. 1873 brachte der Bahnanschluß nach Halberstadt weitere wirtschaftliche Vergünstigungen. Im Zweiten Weltkrieg wurde das Stadtzentrum stark zerstört und später weitgehend restauriert. Der gesamte **Altstadtkern** steht unter **Denkmalschutz**. Der Blankenburger Sommer lockt mit seinen vielfältigen Veranstaltungen, den Dixilandfesttagen und den Blankenburger Musiktagen im Herbst.

Sehenswert im Ort und in der Umgebung

Das **Rathaus** im Renaissance-Stil bekam seine Form zu Beginn des 16. Jh. und wurde auf gotischen Resten von 1233 errichtet. Neben dem Eingang ist die „kurze Elle“ angebracht, ein Relikt aus der Zeit, als es noch keine einheitlich genormten Maße gab und sie örtlich stark voneinander abwichen. Zehn in die Wände eingemauerte Kanonenkugeln erinnern an den Beschuß während des Dreißigjährigen Krieges. – In-

Das Renaissance-Rathaus in Blankenburg

mitten der Altstadt steht die einzige **historische Gesellenherberge** Deutschlands, die heute als Museum zugänglich ist. Das **Kleine Schloß** von 1725 diente ursprünglich als Lustschloß. Der barocke Fachwerkbau wurde 1777 durch einen Massivbau erneuert. In 14 Räumen ist das **Heimatmuseum** untergebracht, in dem u.a. Objekte aus dem ehemaligen Kloster Michaelstein zu sehen sind. Dieses Schloß ist von einem terassenförmig angelegten **Barockpark** umgeben, den Springbrunnen, Vasen, Putten und eine Neptungrotte zieren. Zudem steht hier eine Kopie des Braunschweiger Löwen, der im Original 1166 in Braunschweig als erste europäische Bronzeplastik frei aufgestellt wurde. – Das **Barockschloß** über der Stadt gründet auf einer mittelalterlichen Burganlage und den Resten eines Renaissancebaus. Zwischen 1705 – 18 erhielt es nach den Entwürfen von Hermann Korb seine heutige Form der Dreiflügelanlage auf asymmetrischem Grundriß. Im Alten Flügel befindet sich der Kaiser- oder Ahnensaal als repräsentativster Raum des Schloßes. – Die **Pfarrkirche St. Bartholomäus** wurde zu Beginn des 13. Jh. als romanische Basilika gebaut. Im 14. Jh. erfolgte die Erweiterung zu einer dreischiffigen gotischen Hallenkirche mit hölzernem Gewölbe von 1586 und gotischen Stifterfiguren im Chor von 1350. Grabmäler der Grafen von Blankenburg und Regenstein. Die Renaissance-Kanzel stammt von 1582, der barocke Taufstein und Altar von 1712. – **Reste der Stadtbefestigung** stehen oberhalb des kleinen Schloßes als Mauerreste und in der Krummen Straße als Schalentürme. – Nördlich des Ortes ist die **Burgruine Regenstein** weithin sichtbar mit in den Fels gehauenen Räumen und Kasematten. Diese älteste deutsche Steinburg entstand an der Stelle einer vorgeschichtlichen Kultstätte und Fluchtburg. Darauf verweist u. a., daß die aufgehende Sonne am 21. Juni, also am Tag der Sommersonnenwende, im kleinen Burgverlies durch eine vorgesehene Öffnung scheint. König Heinrich I. soll die spätere Burg in der ersten Hälfte des 10. Jh. errichtet haben. Die erste urkundliche Erwähnung weist die Grafen von Blankenburg als Besitzer aus. Nachdem dies Geschlecht 1599 ausstarb, verfiel die

Burgruine Regenstein, die älteste deutsche Steinburg

Burg Regenstein. Der Kurfürst zu Brandenburg ließ sie 1670 zur Festung ausbauen. Die Franzosen nahmen sie weniger als 90 Jahre später im Siebenjährigen Krieg ein. 1758 eroberten die Preußen sie zurück und auf Befehl Friedrichs des Großen wurde sie im selben Jahr gesprengt. Die Plattform mit den Resten eines Turms bietet eine schöne Aussicht über den Harz und sein Vorland. Sie ist daher eine der meist besuchten Sehenswürdigkeiten dieser Gegend. – Das **Kloster Michaelstein** liegt 3 km nordwestlich von Blankenburg. Es wurde 1160 von dem südwestlich gelegenen Volkmarskeller an den heutigen Standort

Teufelsmauer zwischen Blankenburg und Timmenrode

verlegt. Der Volkmarskeller hat seinen Namen von dem Einsiedler Volkmar, der in den zwei Räumen der Höhle hauste, die durch einen 6 m langen Gang verbunden sind. Das eingemeißelte Kreuz mit der geschwärzten Einbuchtung darüber wird Volkmar zugeschrieben. Nach einer Urkunde von 956 stand über der Höhle eine dem Erzengel Michael geweihte Kirche, zu der 1146 ein Kloster hinzukam, das kurze Zeit später an seinen heutigen Standort verlegt wurde. Die Geschichte des Klosters blieb wechselvoll. Zerstörung der Klosterkirche im Bauernkrieg von 1525, 1533 geplündert, 1540 wurde es schließlich durch die Folgen der Reformation aufgelöst. Als protestantische Lehranstalt diente es von 1544 –1717, die folgenden hundert Jahre als Predigerseminar und nach 1817 über ein Jahrhundert als Lagerraum. Seit 1968 beherbergt das Kloster das Telemann Kammerorchester. Trotz der teilweisen Zerstörung konnte das Kloster in seinem romanischen Stil erhalten werden. Kapelle und Kreuzgang weisen gotische Elemente auf. Das Refektorium dient heute als Konzertsaal. Es ist mit einem Kreuzgewölbe versehen, die Säulen und Pfeiler mit kunstvoll verzierten Würfelkapitellen. Der Kapitelsaal diente im 16. Jh. als Kirche, wovon noch zwei Weihekreuze an der Wand zeugen. Der Westflügel wurde 1718 als barocke Kirche eingerichtet und hat lediglich in den Grundmauern romanische Reste. Über dem Eingang im barocken Torturm sind links Christus am Kreuz und rechts der hl. Michael mit dem Satan zu seinen Füßen dargestellt. – Östlich des Ortes verläuft parallel zur Straße nach Timmenrode die **Teufelsmauer.** Bereits 1852 wurde sie unter Naturschutz gestellt. Einer Sage nach soll der Teufel den Höhenzug von der Burg Regenstein bis zur Roseburg bei Ballenstedt als Grenze seines Reiches errichtet haben. Die Sonne vernichtete jedoch sein Werk und ließ nur eine bizarre Felslandschaft übrig.

Spazier- und Wanderwege
Entlang der Teufelsmauer bis Timmenrode und zurück, 1 1/2 Std. – Im Westen auf den Eichenberg, Aussichtspunkt, 1/2 Std. – Rund um die Ruine Luisenburg im Süden, 1/2 Std. – Über Oesig zum ehemaligen Kloster Michaelstein, weiter durch den Klostergrund, vorbei an Fischteichen, die bereits von den Mönchen angelegt wurden, zum Volkmarskeller und Klosterruinen, 2 Std. – Von der Blankenburg zum Ziegenkopf (Herzogsweg), 3/4 Std. – Vorbei an der Luisenburg, Almsfeld, Wendefurth, Talsperre, 2 Std. – Aufstieg zum Regenstein, 1 Std.

ELBINGERODE C 2

Stadt, Lkr. Wernigerode, Einw. 4300, Höhe 450 – 480 m, Postltz.: 38875. **Auskunft:** Fremdenverkehrsamt, Markt 3, Tel. 039454/2365. **Bahnstation:** im Ort (Rübelandbahn), Wernigerode.

In einer päpstlichen Urkunde wurde der Ort 1206 als „Alvelingeroth" erwähnt. Im Dreißigjährigen Krieg zerstörten ihn verheerende Brände zum großen Teil, und nur wenige Einwohner überlebten. Im 19. Jh. gelang der industrielle Aufschwung mit Bergbau, Hüttenwesen, Holzwirtschaft und Steinbruch. Seit den 1970er Jahren ist die Kalkindustrie wichtigster Wirtschaftszweig. Mit den Orten **Königshütte** und **Rübeland** gehört Elbingerode zur Verwaltungsgemeinschaft **Bodfeld**. Dieser Name ist die älteste verbriefte Ortsbezeichnung im Unterharz. Schon 935 wird sie in der Lebensbeschreibung König Heinrich I. erwähnt. Das Bodfeld war königlicher Jagdhof und Jagdrevier deutscher Kaiser und Könige. Aus Bodenfunden ist auch bekannt, daß hier ein mittelalterliches Eisengewinnungs- und Verhüttungszentrum war.

Sehenswert im Ort und in der Umgebung

Interessante **Fachwerkhäuser** und die neugotische **Kirche** prägen das Stadtbild. – Südlich liegen die Reste der **mittelalterlichen Kaiserpfalz** (Bodfeld). Der Harzverein für Geschichte und Altertumskunde hat den Königshof um 1900 freigelegt. – Nördlich befindet sich das **Schaubergwerk Büchenberg.** – Südöstlich liegt **Rübeland**, was besonders wegen seiner Tropfsteinhöhlen bekannt ist.

Die **Rübeländer Tropfsteinhöhlen** können nur mit einer Führung besichtigt werden. Die **Hermannshöhle** bietet die beeindruckende Kristallkammer, den steinernen Wasserfall und den Olmensee; überall bizarre Tropfsteingebilde. Die Höhle wurde 1866 bei Straßenbauarbeiten entdeckt. Ihren Namen bekam sie nach dem Geheimen Kammerrat Hermann Grotrian, der Vermessung und Grabungen veranlaßte. 1887 am sog. Bärenfriedhof reiche Knochenfunde. – Der **steinerne Bär**, „Der letzte seines Stammes", vor dem Höhleneingang erinnert als Wahrzeichen von Rübeland an die vorzeitlichen Ausgrabungsfunde von Bärenskeletten in der Höhle. Wegen der Häufung dieser Funde wird vermutet, daß sich die Bären zum Sterben in die Höhle zurück-

Der steinerne Bär am Eingang der Rübeländer Tropfsteinhöhlen

zogen. – Die **Baumannshöhle** wurde bereits 1536 von dem Bergmann Friedrich Baumann entdeckt, der sich auf der Suche nach Erzen verirrt hatte. Fast verhungert und völlig erschöpft fand er den Ausgang. Bevor er kurz darauf starb, konnte er noch von den Naturwundern in der Höhle berichten. Der größte Raum ist der 40 x 60 m große Goethesaal mit einem kristallklaren See. Der Dichter war fasziniert von der Höhle und besuchte sie mehrfach. In dieser reizvollen Naturbühne finden regelmäßig die **Höhlenfestspiele** statt. Nicht zu vergessen, die farbenprächtige Palmengrotte mit einem 3,20 m hohen Stalagmit, dem vermutlich ältesten Tropfsteingebilde der Höhle und die Schildkrötenschlucht mit Knochen des Höhlenbären.

Spazier- und Wanderwege
Südlich über Susenberg mit Ruine der Susenburg, schöner Ausblick aufs Bodetal, nach Rübeland, 2 1/2 Std. – Südlich über den Kleinen Schmidtskopf zur Überleitungssperre, Königshütte, zurück an der Ruine Bodfeld vorbei, 2 1/2 Std. – Über Ortberg zur Zillierbachtalsperre, 1 Std. – Insgesamt stehen im Bodfeld ca. 250 km beschilderte Wanderwege zur Auswahl.

ELEND B 2

Gde., Lkr. Wernigerode, Einw. 520, Höhe 480 – 510 m. Postltz.: 38875. **Auskunft:** Kurbetriebsgesellschaft Brocken, Tel. 03 94 55/3 75. **Bahnstation:** im Ort (Harzquerbahn), Wernigerode.

Ferienort mit guten Wintersportmöglichkeiten, im oberen Tal der Kalten Bode gelegen. Im Sommer lädt das idyllische, moderne Waldfreibad mit Waldbadschenke (großzügige Parkmöglichkeiten) zur Erholung ein. In unmittelbarer Nachbarschaft erheben sich die Achtermanns Höhe (926 m) und der Wurmberg (968 m) im Westen. Um ca. 1780 als Hüttenort gegründet, wurde bereits 1863 der Betrieb wieder eingestellt und die Hütte abgerissen. Die wichtigste Erwerbsquelle der Einwohner verschwand damit und hatte die Abwanderung vieler zur Folge. Fortan mußte auf Wald- und Viehwirtschaft ausgewichen werden. Der Ortsname soll von Ilsenburger Mönchen herrühren, die auf ihren Pilgerreisen hier erstmals Rast gemacht haben und den Ort außerhalb ihres Klosterterritoriums als „eli lendi“, d. h. Ausland, bezeichneten. 1924 stellte die Gemeinde einen Antrag auf Namensänderung, da man befürchtete, daß sich der Ortsname negativ für den Fremdenverkehr auswirkte. Es wurde eigens ein Preisausschreiben in mehreren Zeitungen veröffentlicht, das eine Flut von 20 000 Namensvorschlägen einbrachte. Man konnte sich allerdings auf keinen Namen einigen, und so blieb alles beim alten. – Bis November 1989 gehörte Elend zum Grenzsperrgebiet und konnte nur mit Sondergenehmigung besucht werden. Drei FDGB-Ferienheime boten in dieser Zeit Unterkunft für ausgesuchte Werktätige der DDR.

Sehenswert im Ort und in der Umgebung
Die kleinste **Holzkirche** Deutschlands steht mitten im Ort, umgeben von einer großen Wiese. – Die **Elendsburg** im Tal nördlich des Ortes

kann als ehemalige Burganlage nur mit einiger Phantasie erkannt werden. Dieses **Bodendenkmal** besteht aus einer Höhle, die aus einem steil aufragenden Felsen gehauen wurde. Auf dem Felsen bietet sich eine schöne Aussicht in das Bodetal. – Das **Elendstal** ist **Naturschutzgebiet** mit interessanter Flora. So stehen hier noch Alpenmilchlattich, Hochstaudenflur am Bodeufer, platanenblättriger Hahnenfuß, weiße Pestwurz, Bitterschaumkraut und Buchenwälder.

Spazier- und Wanderwege

Nach Schierke durch Elendstal, leicht, 1 Std. – Nach Braunlage, 1 Std. – Denkmal, Hauptstraße bis Bahnhof, links in Heinrich- Heine-Weg bis Elendstal, nach 250 m links über Bodebrücke, Mühlgrabenweg, Thälmannstraße, rechts Bodewanderweg zum Waldbad, 1 Std. – Nach Drei Annen Hohne (Station der Brockenbahn), 2 1/2 Std.

ELLRICH A 4

Stadt, Lkr. Nordhausen, Einw. 5000, Höhe 240 – 270 m, Postltz.: 99755. **Auskunft:** Stadtverwaltung, Tel. 03 63 32/2 60. **Bahnstation:** Nordhausen, Northeim.

Ferienort zwischen Bad Sachsa und Nordhausen gelegen, an der ehemaligen deutsch-deutschen Grenze. Er wurde erstmals 876 urkundlich erwähnt. Im 13. Jh. wurden Ellrich die Stadtrechte verliehen

Sehenswert im Ort un in der Umgebung

Reste der **Stadtbefestigung** sind erhalten, **Ravensturm und Wernaer Tor. – Glockenturm** auf dem Nicolaiplatz. – Die **Frauenbergskirche** wurde 723 errichtet und ist somit eine der ältesten Kirchen des Harzes. – **Heimatmuseum**. – Heilklimatischer Kurort Salzhayn 3 km entfernt.

Spazier- und Wanderwege

Westlich über Walkenried nach Wieda, entlang der Wieda, 1 1/2 Std. – Nördlich um den Ellricher Stadtwald, 1 1/2 Std. – Richtung Sülzhayn zum Waldbad 1/2 Std. – Nach Rothesütte über Sülzhayn, 3 Std.

GERNRODE G 2

Stadt, Lkr. Quedlinburg, Einw. 4000, Höhe 220–250 m, Postltz.: 06507. **Auskunft:** Touristinformation, Marktstraße 20, Tel. 03 94 85/3 54. **Bahnstation:** im Ort, Selketalbahn.

Der Kur- und Ferienort liegt am Nordrand des Harzes und erstreckt sich über mehrere kleine Hügel. Weite Waldgebiete können direkt vom Stadtrand aus erwandert werden. Eine Attraktion ist die älteste Schmalspurbahn des Harzes, die **Selketalbahn**, die von Gernrode nach Hasselfelde schnauft. Sie wurde 1887 gebaut und steht unter **Denkmalschutz**. Der Ortsname verweist auf den Gründer Markgraf Gero. Er ließ 959 ein Kloster errichten, das 961 erstmals urkundlich erwähnt wurde. Im selben Jahrhundert unter Otto I. zum Reichsstift ernannt, bestimmte es bis ins 16. Jh. hinein die Geschicke des Ortes, in dem es seit dem 12. Jh. Bergwerke gab. Im 16. Jh. wurden dem Ort die Stadtrechte verliehen. Nach der Reformation verhalf Berg- und Obst-

Harzer Fachwerkhaus mit aufwendigen Verzierungen

bau sowie Feld- und Waldwirtschaft zu wirtschaftlichem Aufschwung, der im 19. Jh. abebbte, da der Anschluß an die Industrialisierung verpaßt wurde. Nach dem Zweiten Weltkrieg entwickelte sich der Tourismus zum wichtigen Wirtschaftszweig.

Sehenswert im Ort

Die **Stiftskirche St. Cyriacus** gehört zum Kanonissenkloster, das Markgraf Gero errichten ließ. 963 geweiht ist die dreischiffige, doppelchörige Basilika eine der bedeutendsten architektonischen Leistungen der ottonischen Zeit. 1127 wurde die Apsis zwischen den beiden Türmen angebaut. Später folgten noch mehrere Um- und Anbauten von Kapellen und Altären in anderen Stilrichtungen. 1521 wurde das Kloster als erstes in der Gegend evangelisch. In den folgenden Jahrhunderten verfiel die Kirche, und zahlreiche Kunstwerke wurden entweder übermalt oder entfernt. 1832 wurde sie versteigert und vom neuen Besitzer als Stall und Lagerraum zweckentfremdet. 1859 – 65 schließlich restauriert und seit 1945 von der evangelischen und katholischen Gemeinde genutzt. An der Südseite der einzige erhaltene Teil des romanischen Kreuzgangs mit Kreuzgratgewölben, verzierten Kapitellen und germanischen Sonnenzeichen. Als ältester Kirchenabschnitt ist die Ostkrypta zu nennen. In der Apsis des Ostchores stellt das Deckengemälde Christus als Weltenherrscher, den hl. Cyriacus als Schutzpatron der Kirche und den Erbauer Markgraf Gero dar. Im Querhaus steht das nachträglich aufgestellte Grabmal des Markgrafen Gero von 1519. Im südlichen Seitenschiff das **Heilige Grab**; 1080 entstanden, verziert mit Reliefs und Friesen aus Figuren und Ornamenten ist es das älteste erhaltene Beispiel einer Nachbildung des Grabes Christi und eines der hervorragendsten Werke der romanischen Plastik in Deutschland. Romanischer Taufstein vor der Orgelempore aus dem 10. Jh., auf dem das Leben Jesu dargestellt ist. – Mittelalterliche **Marktkirche** mit Turm und Küsterei. – Das **Rathaus** im Fachwerkstil von 1664/65 mit Türmchen und barocker Haube dient noch immer dem ursprünglichen Zweck.

Spazier- und Wanderwege

Herrenbergsweg, vom Hagental zum Stubenberg. – Frankenstieg, vom Stubenberg zum Heckert-Heim. – Schwesternweg, vom Heckert-Heim zum Osterteich. – Vom Stubenberg über Osterberg und Osterhöhe zum Osterteich. – Bahnhof, entlang des Schützenplatzes zum Osterteich, 3/4 Std. – Heckenrosenweg, vom Bahnhof Gernrode zur Buckemühle, 1 Std. – Auf den Bückeberg mit Aussicht, 3/4 Std. – Zur Viktorshöhe, über Heiligenberg, Bremer Teich, vorbei am Bärendenkmal, Viktorshöhe, Rückweg westlich des Neuen Teiches, 3 Std. – Am Steinbach entlang zum Neuen Teich, weiter zum Bremer Teich, zurück über Sternhaus, Haferfeld, 3 Std.

HARZGERODE G 3

Stadt, Lkr. Quedlinburg, Einw. 5700, Höhe 390 m, Postltz.: 06493. **Auskunft:** Stadtinformation, Markt 7, Tel. 03 94 84/ 3 24 21, Fax 22 59. **Bahnstation:** im Ort (Selketalbahn). **Busverbindung** nach Quedlinburg.

Die Stadt liegt auf einer Hochfläche an der Selketalbahn, einer der ältesten Strecken, auf denen dampfbetriebene Schmalspurbahnen verkehren. Als erster anhaltinischer Ort erhielt Harzgerode, das 993 als Münzstätte angelegt wurde, 1338 Stadtrechte. Silber- und Eisenerzabbau bestimmten seit dem 13. Jh. das Leben der Menschen. Der Ortsteil Silberhütte erinnert heute nur noch dem Namen nach an diese Zeit, da das letzte Bergwerk bereits 1912 schließen mußte. Von 1635 bis 1709 war die Stadt die Residenz der Harzgeroder Linie des Anhaltinischen Fürstentums. Wer Harzgerode im Winter besucht, kann bei kräftigem Schneefall auf der Kirchwiesenloipe, der Schanzenloipe oder dem 4 km langen Neuendorfer Weg mit Langlaufski in der Natur unterwegs sein. Auf der Naturrodelbahn läßt sich zudem vorzüglich Schlitten fahren.

Sehenswert im Ort und der Umgebung

Die einschiffige **Kirche St. Marien** (17. Jh.) ist im wesentlichen ein Barockbau, der eine sehenswerte zweigeschossige Fürstenloge besitzt. Der beherrschende Westturm stammt aus der Romanik. Das im Ortszentrum gelegene **Schloß** (Mo – Fr 10 – 12, 13 – 16 Uhr), dessen Festsaal einen Parkettfußboden aufweist, der aus verschiedenen Holzarten des Harzes gefertigt wurde, ist eine dreigeschossige Zweiflügelanlage aus der Frührenaissance und war von 1635 bis 1709 Residenz der Fürsten von Harzgerode. In der im Schloß untergebrachten Heimatstube erfahren Besucher Wissenswertes über die Burgruinen der Umgebung und die Entwicklung des Bergbaus rund um Harzgerode. – Erst 1901 entstand das schmucke **Rathaus** mit zwei Fachwerkgeschossen. Zu beachten sind zudem der ehemalige Roedersche Freihof (17. Jh.) und die ehemalige Bergfaktorei (18. Jh.), die sich beide am Markt befinden. In der **Alten Münze** in der Münzstraße wurde der erste anhaltinische Taler geprägt. 1861 stellte sie den Betrieb ein. Im Ortsteil **Alexisbad** stößt man auf sehenswerte Kur- und Badeanlagen aus dem frühen 19. Jh., die auf Herzog Alexius von Anhalt-Bernburg zurückgehen. Er ließ 1810 Alexisbad als Kurort gründen. Zum Kuren diente jod-, fluor- und eisenhaltiges Wasser mehrerer Stollen. Unter den ersten prominenten Kurgästen waren der Komponist Carl Maria von Weber und der Freidenker Gottfried Körner. – Von der nahegelegenen Siedlung **Mägdesprung** im Selketal, einem der schönsten Täler des Harzes, lassen sich ausgiebige Wanderungen unternehmen, z. B. zur **Selkemühle** und zur **Burgruine Anhalt,** dem ehemaligen Sitz der Fürsten zu Anhalt aus dem 12. Jh.

Im Fachwerkstil erbaut: das Harzgeroder Rathaus

Spazier- und Wanderwege
Ein dichtes Netz von Wanderwegen erschließt die waldreiche Umgebung.

HASSELFELDE D 3

Stadt, Lkr. Wernigerode, Einw. 2800, Höhe 450 – 530 m, Postltz.: 38899. **Auskunft:** Kurverwaltung, Lindenstr. 3a, Tel. 039459/369 oder 71369. **Bahnstation:** im Ort (Selketalbahn). **Busverbindung** nach Blankenburg.

Der Ort liegt auf einer Hochfläche, auf der sich die wichtigen Harzstraßen der Ost-West und Nord-Süd-Verbindungen kreuzen. Weite Fichten- und Buchenwälder laden in der Nähe zu Wanderungen ein. Der heutige Ferienort wurde erstmals 1043 urkundlich erwähnt und erhielt 1222 die Stadtrechte. Bergbau wurde bis in das späte Mittelalter betrieben. Bis in das 20. Jh hinein wurde die Stadt immer wieder durch Brände teilweise zerstört. Kleingewerbe und Tourismus bilden heute die wirtschaftlichen Standbeine. Die über 600 m hohe Bärenhöhe bietet südlich des Ortes gute Wintersportmöglichkeiten. Im Sommer ist das idyllisch gelegene Waldbad gut besucht.

Sehenswert in der Umgebung
Nördlich des Ortes erstreckt sich die riesige **Rappbodetalsperre**. Sie gehört mit ihrem angrenzenden Gebiet zur Wasserschutzzone I und II. Baden und Wassersport sind verboten! Der nahe Uferstreifen darf nicht betreten werden.

Spazier- und Wanderwege
Im Gebiet der Talsperren gibt es ein umfangreiches Wanderwegenetz, das nicht verlassen werden darf. – Ferner sind drei gespurte Loipen mit 2,5 km, 6,5 km und 11 km markiert.

ILSENBURG B 1

Stadt, Lkr. Wernigerode, Einw. 7200, Höhe 240 – 300 m, Postltz.: 38871. **Auskunft:** Fremdenverkehrsamt, Vogelsang 9, Tel. 039452/8112. **Bahnstation:** im Ort. **Busverbindung** nach Bad Harzburg (Westharz) und Wernigerode.

Die kleine Stadt, nahe der ehemaligen Grenze, liegt am Fuß des Brockens. Der Ort wurde im 9. Jh. gegründet. Erwähnt wurde die Jagdpfalz Elysinaburg, die Heinrich II. 1003 dem Bischof von Halberstadt schenkte. Unter letzterem wurde sie zum Benediktinerkloster umgebaut. Im Bauernkrieg erheblich zerstört, wurde es wieder aufgebaut und als Klosterschule genutzt. Im 17. Jh. teilweise Umbau zum Schloß, Sitz der Grafen zu Wernigerode-Stolberg. Während des Dreißigjährigen Krieges wurde 1641 der Ort von den Schweden in Brand gesetzt. Wirtschaftlich gesehen spielt die Eisengewinnung und Verarbeitung die wichtigste Rolle. Bis in das 11. Jh. ist der Hüttenbetrieb zurück zu verfolgen, der seine Blütezeit im 17./18. Jh. hatte. 1697 besuchte Zar Peter der Große die überregional bekannten Ilsenburger Hüttenbetriebe. Vor allem der Eisenkunstguß, die Herstellung von Ofenplatten und

Klosterkirche in Ilsenburg

die Achsenproduktion begründeten ihren Weltruf. Zu Beginn des 20. Jh. begann der Niedergang der Eisenhüttenindustrie, unterbrochen von der Rüstungsproduktion der beiden Weltkriege. Heute spielt der Fremdenverkehr eine wichtige Rolle.

Sehenswert im Ort
Von der **ehemaligen Festung** aus dem 11. Jh. sind nurmehr die Ruinen zu besichtigen. – Das **ehemalige Benediktinerkloster** wurde in die frühere Reichsburg hineingebaut. Die ältesten erhaltenen Fragmente stammen aus den Jahren 1120 und 1176. Die klösterlichen Wohngebäude sind sehr gut erhalten. Ein Flügel wurde später zum Schloß ausgebaut und dient heute als Restaurant und Hotel. – Die **Klosterkirche** stammt aus dem 11. Jh. und wurde als romanische Basilika errichtet. Das im 12. Jh. angefügte Kreuzgewölbe und das Querschiff aus dem 16. Jh. veränderten den architektonischen Charakter der Kirche stark. Chor mit hölzernem Tonnengewölbe. Fußboden aus Gips mit figürlichen Darstellungen. Barocker Hochaltar von 1706, Kanzel und Epitaph Anfang des 18. Jh. und frühgotisches Kruzifix. – Im **Heimatmuseum** wird unter anderem die Geschichte der ansässigen Eisenindustrie und des Kunstgusses dargestellt.

Spazier- und Wanderwege
Wanderungen im autofreien Ilsetal. – Holzbrücke Blochhauer, Schloßpark, Kammerberg, Ilsestein und zurück, 1½ Std. – Blochhauer, Schloßpark, Pfennigsberg, Moosklippe, Halberstädter Berg, Tannenbleek, Blochhauer, viele Aussichtspunkte, 2 Std. – Blochhauer, Ilsetal, Zanthierplatz, Ilsefälle, Gebbertsberg, Plessenburg, Tänntal, Öhrenfeld, Ilsenburg, 4 Std. – Ilsestein, Paternosterklippen, Plessenburg, Steinerne Renne, zurück über Mönchsbuche, Sandtal, Öhrenfeld, 5 Std. – Ilsestein, Paternosterklippen, Plessenburg, Sonnenklippen, Birkenköpfe, Mönchsbuche, Oberförster-Koch-Weg, Pissekenplatz, Plessenburg, Blochhauer, 5 Std.

QUEDLINBURG GH 2

Kreisstadt, Einw. 26 000, Höhe 120 m, Postltz.: 06484. **Auskunft:** Touristinformation, Markt 2, Tel. 0 39 46/28 66 oder 20 23. **Bahnstation:** im Ort.

Die Stadt liegt an der Bode im nördlichen Harzvorland. Sie ist umgeben von Hügelketten, den Ausläufern des Harzes. Ein geschlossenes mittelalterliches Stadtbild, bedeutende romanische Kirchen und über tausend Fachwerkhäuser sind die touristischen Attraktionen dieser als **Denkmal geschützten Stadt**. Die Gründung geht der Sage nach auf den thüringischen Adeligen Quitilo zurück, der im 5. Jh. auf dem nahen Berg die erste Burg errichtet haben soll. Wahrscheinlich wurde der Ortsname von diesem ersten Burgherren abgeleitet. Von 922 stammt die erste urkundliche Erwähnung als „villa Quitilingaburg" in einer Schenkungsurkunde von Heinrich I. Zum sächsischen Königshof gehörte die Wehranlage, eine Vorburg auf dem Münzenberg und eine Siedlung für Hörige, das waren unfreie Bauern, die den Boden ihres Grundherren gegen Abgaben bewirtschafteten. Die Stadtgeschichte wurde bis zu Beginn des 19. Jh. stark durch das reichsfreie weltliche Damenstift geprägt. Es wurde für adelige Töchter 936 von Otto I. auf dem Schloßberg gegründet. 994 wurde dem Stift das Markt-, Münz- und Zollrecht übertragen, womit es seine wirtschaftliche und politische

Machtposition ausbaute. Die Altstadt entwickelte sich im 12. Jh. als Kaufmanns- und Handwerkersiedlung und außerhalb der Stadtmauern die Neustadt als bäuerliche Siedlung rund um die Nikolaikirche. Im Mittelalter wurde Quedlinburg bekannt durch die Reichstage und kirchlichen Konvente, die seit der Regierungszeit Heinrichs I. bis zum Anfang des 13. Jh. im Königshof unterhalb der Burg abgehalten wurden. In dieselbe Epoche fiel die erste wirtschaftliche Blütezeit mit dem regen Zwischen- und Fernhandel, der bis in den süddeutschen Raum und nach Italien geführt wurde. Nach dem Zusammenschluß von Alt- und Neustadt 1327 sorgten zusätzlich Landwirtschaft und Viehzucht für weiteren wirtschaftlichen Aufschwung. Die Stadt trat 1426 der Hanse bei, um 1440 wurde als Zeichen der bürgerlichen Unabhängigkeit der Roland auf dem Marktplatz aufgestellt. Den Bemühungen der Stadt, die Reichsfreiheit zu erlangen, widersetzten sich erfolgreich die Stiftsdamen. Die Äbtissin Hedwig ließ 1477 sogar sächsische Truppen unter der Führung ihrer Brüder in die Stadt einmarschieren und entzog Privilegien wie die freie Wahl des Stadtrates und die Mitgliedschaft der

Der Quedlinburger Marktplatz wurde schon im 12. Jh. angelegt

Hanse. Der Dreißigjährige Krieg brachte mehrere Herrschaftswechsel und wirtschaftliche Stagnation, 1698 fiel die Schutzvogtei über das Damenstift an Brandenburg-Preußen. Der Reichsdeputationshauptschluß von 1803 hatte eine weitreichende Säkularisationswelle zur Folge. Die weltlichen Fürsten wurden für die an Frankreich abgetretenen linksrheinischen Gebiete zum großen Teil mit kirchlichen Besitzungen entschädigt. So wurde auch das Ende des Quedlinburger Damenstiftes besiegelt. Im 19. Jh. erblühte die Stadt im wahrsten Sinn des Wortes unter einem wirtschaftlichen Aufschwung in den Bereichen Landwirtschaft, Samenzucht und Gartenbau. Letzteres bescherte dem Ort den Beinamen „Stadt der Blumen". Auch siedelten sich die verschiedensten Industriebetriebe an. Nach dem Zweiten Weltkrieg wurde viel für die Erhaltung der historischen Bausubstanz getan.

Sehenswert im Ort und in der Umgebung

Bei einem Stadtrundgang fallen zuerst die Reste der **mittelalterlichen Stadtbefestigung** auf. Neben der Mauer sind zahlreiche Wachttürme erhalten. Nahe der Wallstraße stehen drei, darunter der Schreckens-

Erlebte eine wechselvolle Geschichte: der Roland von Quedlinburg

turm neben der Ägidiikirche. Im Osten in der kleinen Gasse Hinter der Mauer stehen der Schweinehirten-, der Gänsehirtenturm und der Turm „op'n Tittenplan". – Der **Marktplatz** wurde als Mittelpunkt der Altstadt im 12. Jh. angelegt. Von seiner zentralen kulturellen, wirtschaftlichen und politischen Stellung in vergangenen Jahrhunderten zeugen die repräsentativen **Fachwerkbauten** rund um den Platz. Erwähnenswert ist das **Grünhagenhaus,** dessen heutige Fassade 1701 gestaltet wurde. Links daneben ein Fachwerkhaus im niedersächsischen Stil. Daran anschließend das ehemalige **Innungshaus der Schuhmacher.** Durch einen schmalen Gang kommt man in den **Schuhhof.** An den zwei ersten Häusern sind an den Fenstern Klapp- und Schiebeläden angebracht, die den Schustern als Ladentische dienten. – Vom Schuhhof gelangt man linker Hand in die **Hölle** mit reichverzierten **Fachwerkhäusern,** die 1982 von polnischen Spezialisten restauriert worden sind. Das Eckhaus am Stieg 28 nennt sich „Alter Klopstock" und war ehemals im Besitz einer Nebenlinie der Familie Klopstock. Das Haus Marktstraße 5/6 wurde 1562 im niedersächsischen Stil errichtet, Nr. 2 stammt von 1569 mit einer reichverzierten Renaissancefassade. Bei Restaurierungsarbeiten wurden 1975/76 Teile der ältesten Stadtmauer mit Schießscharten freigelegt. Im Süden des Marktplatzes schließt die Wordgasse an mit dem Haus Nr. 3, dem ältesten Fachwerkhaus der Stadt, im 14. Jh. in Ständerbauweise errichtet. Heute beherbergt es das **Fachwerkmuseum.** Dargestellt sind die vielfältigen Fachwerkbaukünste und deren historische Entwicklung vom 10.–18. Jh. mit den heutigen Möglichkeiten der Rekonstruktion und Restaurierung von Fachwerk. – Gegenüber, am Kopf des länglichen Marktplatzes, dominiert das **Rathaus** mit seiner schmuckvollen Renaissancefassade, die 1615 gestaltet wurde. Erbaut wurde es wahrscheinlich im 13. Jh. im gotischen Stil und 1310 erstmals urkundlich erwähnt. Die Malereien in den Fenstern des Rathauses und im Bürgersaal am Seitenflügel thematisieren Ereignisse der Stadtgeschichte. Das hintere Gebäude wurde 1582 im Fachwerkstil angefügt und 1901 umgestaltet. – Links neben der Eingangstür steht der 2,75 m hohe **Roland**, der um 1440 als Symbol der städtischen Rechte und Freiheiten aufgestellt wurde, 1477 gestürzt während der Kämpfe des Damenstiftes gegen die Stadt, bis er 1867 wieder aufgestellt wurde. – Am Kornmarkt steht der dreigeschossige Bau des **Amtsgerichtes** von 1737. Im üppigen Barockstil sind innen Decken und Wände mit Stuck verziert. Vögel, Ranken, Obeliske und Blattrosetten und anderes mehr wurde von italienischen Künstlern nach dem Vorbild des Dogenpalastes gestaltet. – In unmittelbarer Nachbarschaft dominiert die **Marktkirche St. Benedicti** mit ihrem hohen Helm. Im Westflügel deuten romanische und frühgotische Mauerreste auf einen älteren Vorgängerbau als die früheste urkundliche Erwähnung von 1233 vermuten läßt. Die dreischiffige gotische Hallenkirche wurde im 15. Jh. mit einem tonnengewölbten Mittelschiff und Seitenschiffen mit Balkendecken gebaut. Der Chor mit Kreuzrippengewölbe entstand 1410 – 36 mit Sakristei und Kapelle der Kalandsbrüder, einer religiösen Bruderschaft des Mittelalters. Der barocke Hauptaltar wurde 1700 aufgestellt mit Schnitzwerk von S. Huggenberg und J. S. Heine. Der Flügelaltar ist spätgotisch, Ende 15. Jh., und zeigt Maria mit Leichnam Christi sowie die hll. Servatius und Benedikt. Die Kanzel wurde 1595 vermutlich von G. Steyger gestaltet. Der Taufstein stammt von 1648 und das Ratsgestühl von 1682. – Am Kornmarkt ist die **Adler- und Ratsapotheke** beachtenswert. Ihr Kern ist romanisch, wurde aber mit späteren Fachwerkanbauten erweitert. – In der Blasiistraße, nahe dem Markt, steht die **Pfarrkirche St. Blasii** mit dem auffallenden quergestellten Westturm, versehen mit einem Zwillingshelm. Beides stammt aus der romanischen Ursprungszeit des Gebäudes. Die heutige barocke Gestalt der erstmals 1223 erwähnten Kirche, geht auf das Jahr 1715 zurück. Im Inneren der achteckigen Saalkirche sind die Stuckdecken mit Emporen sehenswert. H. v. Wulfen schuf den Epitaph im 16. Jh. und J. W. Kunze den reich verzierten Kanzelaltar 1723. – Über die Hohe Straße gelangt man zum Schloßberg, wo in der Nr. 12 das **Geburtshaus von Friedrich Gottlieb Klopstock** als Klopstockmuseum zu besichtigen ist. Der Vertreter der frühen deutschen Klassik ist einer der berühmtesten Bürger der Stadt. Leben und Werk des Dichters sind an Hand von Dokumentationen und Originalen dargestellt. Möbel und Kleinkunst vermitteln den zeitgenössischen bürgerlichen Lebensstil. Das Haus entstand im farbenprächtigen Fachwerk des 16. Jh. Auffallend ist der Eingang mit zwei toskanischen Säulen und einem zweigeschossigen Erker darüber. – Von dort kommt man weiter zum **Schloß,** das auf einem Sandsteinfelsen errichtet wurde, der unterhalb der Stiftskirche freiliegt. Ausgrabungen am Berg können eine fast ununterbrochene Besiedlung dieses Felsens seit dem Ende der Eiszeit nachweisen. Mauerreste aus dem 5. Jh. gehen der Sage nach auf den Adeligen Quitilo zurück. Grabanlagen aus der Karolingerzeit und ein erster Kirchenbau aus dem 9. Jh. wurden freigelegt. Im 10. Jh. ließ Heinrich I. eine gut befestigte Königspfalz errichten. Im selben Jahrhundert wurde auf Veranlassung Ottos I. auf dem Schloßgelände ein weltliches Damenstift gegründet. Die heutige Schloßmauer entstammt der gotischen Ära. Die Schloßgebäude, die sich um die alles überragende Stiftskirche gruppieren, wurden in ihrer heutigen Ausstattung im 16./17. Jh. geschaffen. Charakteristisch sind die schmuckvollen Volutengiebel aus der Renaissance an den Längs- und Stirnseiten. Am Nordflügel der runde Treppenturm mit barocker Haube. Vom Schloßgarten im ehemaligen östlichen Innenhof bietet sich ein schöner Panoramablick über die Dächer der Stadt. Im Inneren trifft man verschiedene Stilelemente von der Gotik bis zum Barock an. Der Thronsaal wurde 1736 mit einer dekorativen Stuckdecke im Renaissancestil versehen und diente als Vorbild für den Weißen Saal im Berliner Schloß. An den Wänden des Speisesaales hängen Porträts einiger Stiftsdamen. Die Decke wurde mit Bendelwerk und Paradiesvögeln unter Baldachinen verziert. In den ehemaligen Wohnräumen des Stiftes ist seit 1929 das **Schloßmuseum** mit Mobiliar der Renaissance und des Barock untergebracht. Das Wohnzimmer der Äbtissin hat ein sehenswertes rundgemustertes Parkett und Möbel des

Biedermeier. Im Museum sind Gemälde italienischer und holländischer Künstler aus dem 16. und 17. Jh. ausgestellt. Weitere Sammlungen berichten über Ur- und Frühgeschichte der Region, die Entwicklung des Schloßberges von der Königspfalz bis zum Damenstift sowie Handwerk, Gewerbe, Kultur und die Geschichte der regionalen Arbeiterbewegung. – Die **Stiftskirche St. Servatius** geht in ihren Fundamenten auf einen Vorgängerbau des 9. Jh. zurück, der sich mit der heutigen Größe des Chores und der Breite des Mittelschiffes deckt. König Heinrich I. wurde 936 in der romanischen Basilika beigesetzt. In der Fürstengruft befinden sich die Gräber Heinrichs und seiner Frau Mathilde. In der Krypta sind bedeutende Reste romanischer Gewölbemalerei aus dem 11. Jh. erhalten, darstellend das Urteil Salomos, die Geschichte Susannas und Szenen aus dem Leben Jesu. Die Äbtissin Mathilde, Enkelin Heinrichs I., ließ eine größere Stiftskirche errichten, die 997 geweiht wurde. Dieser Bau hatte die ungefähren Maße des heutigen, fiel 1070 neben sämtlichen anderen Gebäuden des Schloßberges einem Brand zum Opfer. 1129 konnte erst die neue Kirche geweiht werden, die in den folgenden Jahrhunderten mehrfach um- und ausgebaut wurde und Merkmale der verschiedenen Kunstrichtungen trägt. Im Mittelschiff fällt der sächsische Stützenwechsel auf, d. h. es stehen im Wechsel je ein Pfeiler und zwei Säulen. Der Rundbogenfries unter der Kassettendecke ist auf lombardische Vorbilder zurückzuführen, ebenso die Bauornamentik. Das Kruzifix im Langhaus ist spätgotisch, der dreiflügelige Altaraufsatz, mit Szenen aus der Passion Christi, stammt aus der Zeit um 1500. Die ehemalige Sakristei birgt im Nordraum des Querschiffes die Schatzkammer mit einem Reliquienschrein aus vergoldetem Silberblech und Elfenbeinschnitzereien. Sehenswert auch der reich verzierte Äbtissinenstab, um 1000, das Adelheid-Evangeliar, alte Handschriften und der Lutherbecher. Die Schätze wurden größtenteils von den Königen und Kaisern ihrem Familienstift geschenkt. 1945 stahl ein amerikanischer Leutnant einige wertvolle Stücke, die nach über 40 Jahren aus Texas an ihren Bestimmungsort zurückkehrten. Im südlichen Querschiff sind in der Teppichkammer fünf Teile des ältesten deutschen Knüpfteppichs ausgestellt, der um 1200 von der Äbtissin Agnes II. in Auftrag gegeben wurde. Er stellt die Vermählung der Philologie mit Merkur dar. In den Jahren 1938 – 45 wurde die Kirche als SS-Weihestätte ihrer Bestimmung entfremdet. – Am Fuß des Schloßberges steht die **Klosterkirche St. Wiperti** auf dem Gelände des ehemaligen Königshofes und späteren Prämonstratenserklosters. Ältester Teil ist die Krypta, um 1000 entstanden. Das Tonnengewölbe der Umgangskrypta wird von Säulen und Pfeilern getragen. In ihrer wechselnden Anordnung ist dieser sogenannte lombardische Stützenwechsel das älteste Beispiel in Deutschland. Das Kloster hatte seinen wirtschaftlichen Höhepunkt zwischen 1250 und 1330, eine Phase, die mit reger Bautätigkeit einherging. Nachdem Graf Albrecht von Regenstein zu Beginn des 14. Jh. seine Macht über die Stadt festigen wollte, stürmten Bürger 1336 das Kloster und zerstörten die Kirche. Nur notdürftig ausgebessert litt sie in der Folgezeit unter den Reformations-

Der Finkenherd in der Quedlinburger Altstadt

wirren und den Bauernunruhen. Seit Mitte des 16. Jh. gehörte sie zur evangelischen Gemeinde, die ab 1812 die Stiftskirche übernahm. St. Wiperti wurde fortan als Scheune und Milchkeller genutzt, bis sie 1955/56 rekonstruiert und an die katholische Gemeinde gegeben wurde. Das südliche Seitenschiff ist neu errichtet und das romanische Portal der Klosterkirche St. Marien vom Münzenberg eingebaut. – Gegenüber dem Schloß liegt der **Münzenberg,** dessen Plateau über 99 Stufen erreicht wird und einen Ausblick über Stadt und Region bietet. Diese Bergsiedlung mit kleinen Fachwerkhäusern und schmalen Gassen hat sich ihren mittelalterlichen Charakter erhalten. Die Besiedlung geht zurück auf die Gründung des Nonnenklosters 986, das dem Damenstift unterstellt war. Im Zuge der Reformationsunruhen wurden auch die Gebäude des Klosters zerstört. Lediglich die Klosterküche mit ihrem auffallenden Schornstein blieb erhalten. Einige Jahrzehnte dem Verfall preisgegeben, siedelten ab 1576 kleine Handwerker wie Scherenschleifer und Kesselflicker sowie Fahrensleute und Wandermusikanten, denen ein Denkmal auf dem Markt aufgestellt wurde. In den Gassen lassen sich teilweise noch Mauerreste des Klosters erkennen, die mit dieser Siedlung verwachsen sind. Sehr anschaulich der Schornstein der Klosterbäckerei als Teil eines Fachwerkwohnhauses. – Zurück in der Altstadt ist ein ehemaliger Adelssitz erwähnenswert, das **Hagensche Freihaus.** Es wurde direkt an der Stadtmauer zur Neustadt errichtet. Um dem ständigen Blick auf die Mauer zu entgehen, wurden zunächst nur im oberen Stockwerk Fenster eingebaut. Außen sind der Treppenturm mit Turmerker, Doppelfenster und Volutengiebel charakteristisch. Im Inneren sind die Räume mit Intarsien und Schnitzereien geschmückten Holzvertäfelungen versehen. – Der **Finkenherd** in der Altstadt soll, der Sage nach, die Stelle sein, an der 919 der Sachsenherzog Heinrich der Vogler die Nachricht erhielt, zum deutschen König gewählt worden zu sein.

Spazier- und Wanderwege

In die Schluchten der Seweckenberge im Südosten (Fundort des Quedlinburger Einhorns, Reste von Mammut und Wollnashorn), 3 Std. – Südwestlich über Weddersleben zur Teufelsmauer, 1½ Std. – In das Naturschutzgebiet Steinholz im Nordwesten, Halberstädter Straße, vorbei an der Hammwarte, bewaldeter Höhenzug, auf dem früher die Hauptwarte der elf steinernen Quedlinburger Feldwarten stand, links ab Feldweg ins Naturschutzgebiet zur Steinholzwarte, Aussichtsturm, 2½ Std.

SCHIERKE A 2

Gde., Lkr. Wernigerode, Einw. 1000, Höhe 580 – 640 m, Postltz.: 38879. **Auskunft:** Kurverwaltung, Brockenstraße 10, Tel. 03 94 55/3 10 und 5 12 22. **Bahnstation:** im Ort (Brockenbahn), Wernigerode, Nordhausen. **Busverbindung** nach Wernigerode.

Der Kur- und Ferienort liegt am Fuß des Brockens, der höchsten Erhebung des Harzes. 1506 wurde zuerst eine Sägemühle erwähnt, von 1590 stammt die erste Ortsnennung. Seit dem 19. Jh. ist Schierke ein beliebter Ferienort im Nationalpark Hochharz. Im Sommer ist es ein weitreichendes Wandergebiet, und im Winter bietet der Brocken, auf den seit 1992 wieder die Brockenbahn fährt, ein schneesicheres Skigebiet mit einem umfangreichen Loipennetz sowie Rodelmöglichkeiten und einem Natureisstadion.

Im Winter lockt die Schneepracht auf dem Brocken...

Interessante Veranstaltungen sind die Schierker Winterspiele im Februar, die Walpurgis am 30. April und der Kuhball im September.

Sehenswert im Ort und in der Umgebung

Rathaus und **Kirche** aus Granit. – **Brockengipfel.**

Spazier- und Wanderwege

Zum Brocken (1142 m), 5 Std. oder Parkplatz, Neuer Weg, Alte Bobbahn, hoch bis Brockenbett, rechts Glashüttenweg, nach 100 m links hoch zum Renneckenberg, gleicher Weg zurück bis Brockenbett, Brockenstraße aufwärts zum Brockengipfel, zurück bis Abstieg Eckerloch, Brockenstraße, Wasserwerk, Schierke, 4 1/2 Std. – Zu den Schnarcherklippen (671 m), 1 1/2 Std. – Zum Edelmannshäuweg (722 m), vom Parkplatz über Neuen Weg, Bobbahn hoch, Abzweigung zum Quitschenhai, Edelmannshäuweg, Schutzhütte, über Schluftwasser zum Schluftweg (722 m), hinab zum Wasserwerk, über Brockenstraße zurück, 2 Std. – Zum Ahrensklint (822 m), Parkplatz, Neuer Weg, rechts Pfarrstieg hoch zum Parallelweg Anns Ruh, Ahrensklinter Klippen mit Schutzhütte, zurück über Glashüttenweg, rechts vom Erdbeerkopf herunter „Große Buche“, über Wormkeweg zum Bahnhof, Rathaus, 1 1/2 Std. – Zur Steinernen Renne (550 m), Bahnhof, rechts am Erdbeerkopf vorbei, Glashüttenweg bis Abzweigung rechts zu den Leistenklippen, Abstieg über Beerenstieg, Ottofels bis zur Steinernen Renne, zurück über Bahnparallelweg nach Drei Annen Hohne (Harzquerbahnstation), Glashüttenweg, Bahnhof Schierke, 5 Std. – Zum Renneckenberg (933 m), vom Rathaus über Neuer Weg, Alte Bobbahn, Brockenstraße, Brockenbett, rechts Glashüttenweg, nach 100 m links zur Skihütte, rechts vorbei zum Aufstieg Renneckenberg, östlich

Bergpfad, Kapellenklippe (927 m), Abstieg über Glashüttenweg, Ahrensklint, Bahnhof, 2 1/2 Std. – Zu den Feuersteinklippen, Parkplatz, Hagenstraße, Bahnhofstraße, Fußweg bis Bahnhof, gegenüber Bahnparallelweg bis Abzweigung, rechts Feuersteinklippen, 1/2 Std. – Zur Quesenbank (636 m), Parkplatz, Hagenstraße, oberhalb „Heinrich Heine“ rechts zum Stern (628 m), links der Wiese entlang, Quesenbank mit Schutzhütte, Bahnübergang Wormkestraße bis Spinne, rechts Glashüttenweg, Trudenstein (774 m), zurück bis Spinne, Fußweg links

... im Sommer geht es auf gut beschilderten Wegen durch herrliche Wälder

am Erdbeerkopf vorbei zurück zum Ort, 1½ Std. – Zum Erdbeerkopf (846 m), Bahnhof, Wormkeweg, vor Wormkekreuzung links Schneise hoch zum Erdbeerkopf, zurück über Schneise zum Glashüttenweg, Einbiegung Ahrensklinter Weg, links ab Fahrweg bis Einmündung Waldweg zu den Feuersteinklippen, Bahnhof, 1½ Std.

STOLBERG E 4

Stadt, Lkr. Sangerhausen, Postltz.: 06545. **Auskunft:** Fremdenverkehrsamt, Markt 2, Tel. 03 46 54/8 01 50, Fax 8 01 11. **Bahnstation:** im Ort. **Busverbindungen** nach Stolberg, Harzgerode, Kelbra, Kyffhäuser und Bad Frankenhausen.

Die Geschichte des pittoresken Kurortes mit malerischen Gäßchen und prächtigen Fachwerkhäusern, der sich in die drei Täler der Thyra, Lude und Wilde zwängt, begann mit dem Bau der Burg um 1200. Silber- und Kupfervorkommen bedeuteten Wohlstand für Stolberg, das seit dem 13. Jh. Stadtrechte besitzt. Seit dem 12. Jh. besaßen die Stolberger Grafen das Münzrecht und ließen von dem eigenen Gold- und Silbervorkommen Münzen prägen, die im ganzen Reich gültig waren. Über die Jahrhunderte wurden hier mehr als 2000 Gold-, Silber- und Kupfermünzen geprägt. Erst im 17. Jh. erschöpfte sich der Erzvorrat und der Niedergang des Bergbaus begann. Seit dem 19. Jh. lebte die Stadt vom Fremdenverkehr und erhielt 1949 das Recht, den Zusatz „Kurort“ im Stadtnamen zu führen. Bereits in den Zeiten der DDR trug die Stadt auch den Beinamen „Thomas-Müntzer-Stadt“, da der bekannte Theologe und Bauernführer 1489 hier geboren wurde. Aus Anlaß seines 500. Geburtstages wurde sein Denkmal auf dem Marktplatz aufgestellt. Einen weiteren Ehrentitel **„Historische Europastadt“** (seit 1993) erhielt der Ort, der weder durch Kriegswirren noch durch Brände Schäden erlitt.

Sehenswert im Ort und in der Umgebung

Das **Rathaus**, ein dreigeschossiger Fachwerkbau mit verkragtem Obergeschoß (15. Jh.), war eine Kuriosität, da die Zahl der Öffnungen an die Jahresaufteilung angelehnt war. Insgesamt war es mit 12 Türen, 52 Fenstern und 365 Fensterscheiben ausgestattet, was durch mannigfachen Umbau leider verändert worden ist. Zum historischen Stadtkern gehören auch der aus Bruchsteinen erbaute **Saigerturm** (13. Jh.) mit barocker Haube und doppelter Laterne, das **Thomas-Müntzer-Haus** sowie das in einem herrlichen Renaissance-Bau, der ehemaligen **Stolberger Münze** (1535), untergebrachte **Heimatmuseum** (Di – Sa 9 – 12.30, 13 – 17 Uhr, So 10 – 12, 13 – 17 Uhr, Thomas-Müntzer-Gasse 19). In diesem wohl schönsten Stolberger Fachwerkbau mit farbenprächtiger Balkenschnitzerei befindet sich eine vollständig erhaltene mittelalterliche Münzwerkstatt aus der Zeit des 14. bis 18. Jh. Zudem widmet sich das Museum der Geschichte des Bergbaus und des Handwerks in Stolberg, aber auch dem Wirken Thomas Müntzers. Sehenswert ist die spätgotische **St. Martini-Kirche** (1. April – 31. Okt. tgl. 11 – 16 Uhr, 1. Nov. – 31. März. 14 – 16 Uhr). Turm, Arkaden des Mittelschiffs und Kreuzgang dieser Kirche stammen aus dem 11. Jh. Die

Der malerische Marktplatz in Stolberg

Barockorgel (1701/03) wurde durch den Orgelbauer Johann Georg Papenius geschaffen. An der Nordseite des Chores sind vier Fragmente des ehemaligen Hochaltars zu sehen. In dieser Kirche predigte Martin Luther 1525 gegen den Bauernaufstand. Neben der St. Martins-Kirche steht die **Marienkapelle**, die ursprünglich über einen Gang mit der Kirche verbunden war. Die Kapelle ist ein einschiffiger, spätgotischer Bau, der 1477 von reichen Bürgern gestiftet wurde. Die **Katharinenkapelle** unter dem Hohen Chor wurde im 15. Jh. als Gruft der Stolberger Grafen erbaut. Das Stolberger **Schloß** hoch über Stadt erhielt sein heutiges Erscheinungsbild im 16. und 17. Jh. Besonders hinzuweisen ist auf den sogenannten Roten Saal, der von Karl Friedrich Schinkel

In Stolberg kann man das weltgrößte eiserne Doppelkreuz besteigen und auf den Spuren Thomas Müntzers wandeln

(1781 - 1841) entworfen wurde; die einzige innenarchitektonische Arbeit dieses klassizistischen Baumeisters. Sehenswert ist auch die mit einem spätgotischen Netzgewölbe versehene **Schloßkapelle** St. Juliana im Erdgeschoß des Turmes. Von der mittelalterlichen Stadt ist auch das **Rittertor** erhalten, das die Wohnung des Stadtwächters beherbergte. Im **Alten Bürgerhaus** in der Ritterstraße (Di - Sa 9 - 12.30, 13 - 17 Uhr, So 10 - 12, 13 - 17 Uhr) kann man sich ein Bild vom städtischen Leben im 15./16. Jh. verschaffen.

Auf dem Auerberg, einem 579 m hohen Porphyrkegel, steht seit 1896 als Aussichtsturm das **Josephskreuz**, das die Form eines Doppelkreuzes hat und 38 m hoch ist. Die gesamte Konstruktion wird durch 100 000 Nieten zusammengehalten und wiegt etwa 123 Tonnen. Damit kann es sich das größte eiserne Doppelkreuz der Welt nennen. Der Aufstieg wird an klaren Tagen mit einem herrlichen Weitblick belohnt. - Im südlich von Stolberg gelegenen **Schwenda** ist die achteckige **Dorfkirche St. Cyriakus und Nicolai** zu beachten, die 1736/7 nach dem Vorbild der Dresdner Frauenkirche als Zentralbau errichtet wurde. Besonders sehenswert ist der hölzerne Kanzalaltar von 1695. - Einen Besuch wert ist die Dorfkirche von **Rottleberode**, die 1758 - 1761 erbaut wurde und einen schmucken barocken Kanzelaltar besitzt.

Spazier- und Wanderwege

Markt, Lutherbuche, Hainfeld, Jägergrund, Nordhäuser Talsperre, Ruine Hohnstein, Neustadt, Bürgermeister-Stieg, Ebersburg, Hainfeld und zurück, 6 Std. - Markt, Neustadt, Töpfergasse, Hirtenbrunnen, Tannenstieg, Kühler Grund, Schloß, St. Martini-Kirche und zurück zum

Markt, 1½ Std. – Rund um den Zwisselberg vom Schloß aus, 1¼ Std. Insgesamt stehen ca. 88 km markierte Wanderwege zur Verfügung. 1993 wurde auf Initiative des bekannten Chorleiters Gotthilf Fischer Deutschlands **1. Straße der Lieder e**ingerichtet. Zwischen Hotel Schindelbruch und dem Josephskreuz laden 14 Liedstationen zum Verweilen ein.

Radwanderung

Stadtmitte, Hainfeld, Rodishain, Stempeda, Rottleberode, Heimkehle, Uftrungen und zurück, 23 km.

TANNE B 3

Gde., Lkr. Wernigerode, Einw. 800, Höhe 480 – 540 m, Postltz.: 38875. **Auskunft:** Gemeindeverwaltung, Schulstraße, Tel. 03 94 57/32 26 und 32 98. **Bahnstation:** Sorge (Harzquerbahn). **Busverbindung** nach Benneckenstein und Sorge.

Der Kurort liegt idyllisch im Tal der Warmen Bode. Die Hanglage teilt den Ort in Unter- und Oberdorf. Die umliegenden weitläufigen Wälder bieten hervorragende Wander- und Wintersportmöglichkeiten. Tanne wurde erstmals 1335 im Zusammenhang mit der Eisenhütte erwähnt, die über Jahrhunderte für den Erwerb der Einwohner sorgte. 1926 mußte das Hüttenwesen mangels Rentabilität kurzzeitig eingestellt werden. Die Hüttenarbeiter gründeten daraufhin eine Arbeiteraktiengesellschaft und produzierten weiter. 1964 wurde die Hütte in Tanne endgültig aufgelöst und nach Königshütte verlegt. Nach dem Ersten Weltkrieg wurde der Fremdenverkehr wichtigste Einnahmequelle des Ortes. Eine Attraktion ist der Finkenwettstreit, der alljährlich 1 Woche nach Pfingsten stattfindet. Dabei lassen Finkenfreunde aus der ganzen Umgebung ihre in Käfigen gehaltenen Vögel um die Wette singen. Der Fink mit den meisten und längsten Tonfolgen innerhalb einer halben Stunde gewinnt. Anschließend beginnt ein Volksfest mit folkloristischen Elementen.

Sehenswert im Ort und Umgebung

Fachwerkhaus Jägerborn. – **Heimatstube** in der Bodetalstraße. – **Kurpark** mit Staudengarten. – Das malereisch in einem Waldtal der Warmen Bode gelegene **Sorge** hat seinen Ursprung in einer Hüttenarbeitersiedlung von etwa 1740, die 1850 zur selbständigen Gemeinde wurde.

Spazier- und Wanderwege

Nach Benneckenstein über Ziegenberg, Jägerborn, Lange und Alte Eiche, 1 Std. – Nach Benneckenstein durch das Schützental, Lange und Alte Eiche, Naturlehrpfad, 1 Std. – Nach Sophienhof über Trautenstein und Dambachtal, 3 Std. – Nach Königshütte entlang der Warmen Bode, 1½ Std. – Nach Mandelholz über Forsthaus Goldhaufen, Neues Feld, Allerbach, Holzeneschen, Ramsen Höhe, Spielbach, Lindia, 2 Std. – Alternative nach Mandelholz über Ortsmitte, Eisernpfähle, Wildwiese, Allerbach, Häsekenhai, Holzeneschen, Spielbach, Lindia, 2½ Std. – Nach Königshütte über Pilzgrund, Eisernpfähle, Wildwiese, Allerbach, Häsekenhai, Holzeneschen, Spielbach, Totemann, 2 Std.

THALE F 2

Stadt, Lkr. Quedlinburg, Einw. 15200, Höhe 180 – 451 m. Postltz.: 06502. **Auskunft:** Tourist-Information, Tel. 03947/2277 und 2597. **Bahnstation:** im Ort.

Am Eingang zum Naturschutzgebiet des wildromantischen Bodetals liegt dieser sagenumwobene Ort. Er lockt seit dem Bau der Bahnlinie Halberstadt-Thale 1862 zahlreiche Besucher im Jahr. Ausgrabungsfunde weisen eine ununterbrochene Besiedlung schon aus der Jungsteinzeit nach. Als Kultstätten dienten der Hexentanzplatz (Opferstein) und die Roßtrappe. Im 11. Jh. wurde von Bauern und Handwerkern das „Dorp to dem Dale" besiedelt. Wirtschaftlich spielte seit dem Mittelalter die Erzgewinnung eine wichtige Rolle, vom 19. Jh. an mehr und mehr der Fremdenverkehr.

Sehenswert im Ort und in der Umgebung

Aus Felssteinen wurde 1550 die **Pfarrkirche St. Andreas** errichtet, der Turm 1790 angefügt. Auf dem Kirchhof Grabplatten aus dem 16./17. Jh. Im Inneren ist der barocke Altaraufsatz aus dem 18. Jh. bemerkenswert. – Neben der Kirche steht der **romanische Turm** aus dem 9. Jh. als Rest der früheren Burganlage. – Der **Mönchs- oder Mahlstein** in der Hofmauer ist bereits in frühen Urkunden belegt. Er diente wahrscheinlich als Treffpunkt an Gerichtstagen. – R. Propf schuf 1951 die Plastik des **Altweiberbrunnens** mit zwei tratschenden Bäuerinnen. – Die neugotische **Petrikirche** wurde 1904 am Rande des früheren Bahnhofparks und heutigen Friedensparks errichtet. Der Park ist schon 1862 angelegt worden. – Neben der Kirche steht ein alter **Wasserturm.** – Die Entwicklung zum Erholungsort hat in der früheren

Beliebtes Ausflugsziel: der Hexentanzplatz bei Thale

Nutzung der **Hubertusquelle,** einer Chlorkalziumquelle, ihren Ursprung. – In unmittelbarer Nachbarschaft befinden sich die Talstationen der Schwebebahn und des Sesselliftes zu den größten Attraktionen Thales, dem **Hexentanzplatz** und der gegenüberliegenden **Roßtrappe.** Der Fund eines Opfersteins mit germanischen Runenzeichen und Opferschale auf dem Felsplateau belegen die frühe Nutzung dieses 250 m hohen Felsens als Kultstätte. Die Funde sind in der **Walpurgishalle** zu besichtigen. Diese Halle wurde 1901 im altgermanischen Stil errichtet und ausgestaltet mit Schnitzereien, die Symbole der germanischen Götter darstellen. Von Hermann Hendrich stammen die fünf Gemälde im Inneren mit Szenen aus Goethes Faust: „Aufstieg Fausts und Mephistos zum Brocken", „Mammonhöhle", „Der Hexentanz", „Die Windsbraut" und „Gretchens Erscheinung". – Eine der schönsten Freilichtbühnen im Harz, das **Harzer Bergtheater,** bietet in der Nähe der Halle 1200 Zuschauern Platz, die neben dem Bühnengeschehen noch einen wunderbaren Ausblick über das Harzer Vorland genießen können. Das Theater besteht seit 1903. – Im **Tierpark** auf dem Felsen leben viele der im Harz heimischen Tiere. – Gegenüber dem Hexentanzplatz, am anderen Ufer der Bode, ragt der 240 m hohe Felsen der **Roßtrappe** empor. Funde aus der Stein-, Bronze- und Eisenzeit sowie die Reste mehrerer Wallanlagen lassen auch auf diesem Felsen eine Stätte frühzeitlicher Götterverehrung vermuten. Seinen Namen bekam der Felsen nach einer Sage: Brunhilde soll mit ihrem Pferd vom Hexentanzplatz über die Bodeschlucht zur Roßtrappe gesprungen sein, als sie vor Ritter Bodo flüchtete. Der Hufabdruck des Pferdes ist mit einiger Phantasie im Felsen zu erkennen. Bodo stürzte bei dieser Verfolgung in die Bode. Vom Felsen herrlicher Ausblick über Bodetal, Teufelsbrücke und Teufelsmauer.

Spazier- und Wanderwege

Viele Wandermöglichkeiten bieten sich ins **NSG Bodetal**, nach Tresenburg und weiter oder auch am Harzrand nach Steckelberg und zur **Teufelsmauer**.

WALKENRIED A 4

Luftkurort, Einw.: 2500, Höhe 280 – 350 m, Postltz.: 37445. **Auskunft:** Tourist-Information, Tel. 0 55 25/3 57. **Bahnstation:** im Ort.

Die Geschichte Walkenrieds ist eigentlich die Geschichte der Klosters „Walkenrede". 1127 als erstes Zisterzienserkloster im nord- und mitteldeutschen Raum gegründet, wurde es in kürzester Zeit so reich und mächtig, daß es einen monumentalen Kirchenneubau von 85 m Länge, 39 m Breite und 23 m Höhe in 80jähriger Bauzeit errichten konnte. Zu den Besitzungen des Klosters gehörten Fischteiche, Erzgruben, Hüttenwerke und riesige Ländereien. Als 1525 in den Bauernkriegen die gesamte Anlage, besonders die Kirche, schwer beschädigt wurden, hatte es den Höhepunkt seiner Macht aber bereits überschritten. Vollständig erhalten blieb nur die romantisch gelegene Klausur mit Kapitelsaal, Refektorium, Brunnenhaus, Brüdersaal und der frühgotische doppelschiffige Kreuzgang, der einmalig in seiner Art ist. Der Kapitelsaal dient seit der Reformation der evangelischen Gemeinde als Gottesdienstraum. – Von Mai bis Oktober ist die Klosterruine Veranstaltungsort der Walkenrieder Lichthof- und Kreuzgangkonzerte. Außerdem finden ganzjährig Führungen durch die Anlage und wechselnde Ausstellungen um Brüdersaal statt.

Spazier- und Wanderweg

Der sog. **Kaiserweg**, auf dem einst Kaiser Heinrich IV. im Jahre 1050 vor den Sachsen von seiner Burg in Bad Harzburg flüchtete, ist der bekannteste Höhenweg.

WERNIGERODE C 1

Kreisstadt, Einw. 37 000, Höhe 225 – 315 m, Postltz.: 38855. **Auskunft:** Wernigerode Tourismus GmbH, Nicolaiplatz 1, Tel. 0 39 43/3 20 40. **Bahnstation:** im Ort, Harzquerbahn. **Busverbindung** über Ilsenburg nach Bad Harzburg (Westharz).

Der Ort wurde vermutlich im 9. Jh. gegründet, archäologisch belegbar ist er ab dem 11. Jh. Die Burg oberhalb der Stadt wurde zwischen 1110 und 1120 von den Grafen von Wernigerode gebaut. Die erste urkundliche Erwähnung eines Grafen von Wernigerode stammt aus dem Jahre 1121. Der Ort liegt an der Kreuzung zweier Handelsstraßen, was die wirtschaftliche Entwicklung begünstigte. Rege Handelstätigkeit verhalf der Stadt zu wirtschaftlichem Ansehen. Im Mittelalter bildeten Handwerker und Kaufleute die wohlhabende Schicht des Ortes. Das Stadtrecht wurde 1229 erteilt, Oberhoheit und Gerichtsbarkeit blieben

Mit der Touristenbahn kann man Wernigerode bequem kennenlernen

jedoch beim Grafen von Wernigerode. Nach dem Aussterben der männlichen Linie dieses Geschlechtes fiel die Stadt 1429 an die Grafen von Stolberg durch vollzogene Erbverbrüderung. Der Großbrand von 1528 ließ nur ca. 80 Häuser von über 500 unversehrt und bedeutete einen herben Einschnitt in die Stadtgeschichte. Aus der folgenden Aufbauphase sind einige stolze Bürgerhäuser erhalten mit kunstvollen Schnitzereien, die bei einem späteren Stadtbrand von 1751 verschont blieben. Unter Besetzung und Plünderung während des Dreißigjährigen Krieges litt die Stadt nicht minder. 1714 fiel Wernigerode an Preußen, 1807 an das Königreich Westfalen, was zur Folge hatte, daß Männer Wernigerodes für napoleonische Feldzüge eingezogen wurden. Nach den Befreiungskriegen wurde die Stadt erneut preußisch. Die wirtschaftliche Entwicklung der Stadt konzentrierte sich auf holz-, stein- und metallverarbeitende Industrie sowie Tabakverarbeitung und Schokoladenherstellung. Mit dem Bau der Bahnstrecken Halberstadt – Wernigerode von 1872, der Harzquer- und der Brockenschmalspurbahn von 1899 setzte Ende des 19. Jh. ein wirtschaftlicher Aufschwung ein. Eine zunehmende Zahl von Touristen sorgte für eine neue Einnahmequelle. In der Berliner Gesellschaft des 19. Jh. gehörte es durchaus zum guten Ton, Urlaub im Gebirge zu machen, zumal wenn es so nah vor der Tür liegt.

Sehenswert im Ort und in der Umgebung

Die Altstadt ist für Autos gesperrt und bietet sich an für einen Bummel durch Straßen und Gassen voller historischer und gut restaurierter Gebäude aus fünf Jahrhunderten, die in ihrer Ensemblewirkung den Charakter der „bunten Stadt am Harz" ausmachen. Altstadt, ehemalige Neustadt und Teile des Ortsteils Nöschenrode stehen als Flächendenkmal unter Denkmalschutz. Das **Rathaus** ist das bekannteste und schönste Bauwerk der Altstadt. 1277 wurde es erstmalig erwähnt und diente ursprünglich sowohl als Gerichtshaus wie auch als Spiel- und Tanzhaus der Grafen. 1427 wurde der Stadt das Haus geschenkt. 1492 – 98 wurde es spätgotisch umgestaltet mit Bruchsteinunterbau und Fachwerkaufstockung. 1539 – 44 erhielt es nach dem großen Stadtbrand, nunmehr als Rathaus, seine heutige Form mit Freitreppe. Figuren, die die Fastnacht sowie mittelalterliche Lebensfreude ausdrücken, zieren die Schauseite und Westseite. Sie werden dem Ende des 15. Jh. zugeordnet. – Daneben steht das **Gothische Haus** als eines der repräsentativsten Patrizierhäuser der Stadt, in dem heute ein Hotel der gehobenen Klasse untergebracht ist. – Hinterm Rathaus an der Klintgasse ist das ehemalige **Waaghaus im Klint** zu sehen. Es stammt aus dem 16. Jh. – Durch die Klintgasse gelangt man zum **Harzmuseum.** Die dort ausgestellten Objekte zeigen Funde aus der Umgebung sowie heimische Trachten und Dokumente über den Fachwerkbau. – Am Oberpfarrkirchhof Nr. 13 befindet sich das schönste unter den malerischen Fachwerkhäusern der Stadt, das **Haus Gadenstedt**. Es erhielt 1582 einen Erker im Stil der Hochrenaissance. – Ganz in der Nähe beherrscht die **Oberpfarrkirche St. Sylvestri** aus dem Jahr 1230 den Platz. Sie hat eine sehenswerte Innenausstattung mit gotischem Altar

Rathausportal mit Freitreppe

und eichernem Schrank. – Als Teil der Stadtmauer ist der **Westerntorturm** in der Westernstraße erhalten. – Das **älteste Haus** der Stadt wurde um 1400 als Tagelöhnerhaus gebaut. – Das **kleinste Haus** der Stadt, Ende des 18. Jh. errichtet, steht in der Kochstraße 43. – Für den Anblick weiterer gut erhaltener Fachwerkhäuser lohnt ein Gang durch die **Breite Straße.** Das **Krummelsche Haus,** Nr. 72, von 1674 hat Holzschnitzereien im Obergeschoß, die auf das Baudatum zurückgehen, das Untergeschoß wurde hingegen erst 1875 verziert. – Weiter stadtauswärts Nr. 95, die **Krellsche Schmiede**. 1678 gebaut, war sie bis 1977 in Betrieb. Heute ist das Haus samt Einrichtung denkmalgeschützt und als Schmiedemuseum zu besichtigen. – Oberhalb des Ortes liegt 350 m hoch das **Schloß.** An die ursprüngliche Anlage aus dem 12. Jh. erinnert lediglich der Hausmannsturm und der Wendelstieg im Innenhof. In den Jahren 1862 – 83 entstand die heutige Form des Schloßes auf Veranlassung des Grafen Otto zu Stolberg-Wernigerode. In der historisierenden Gestaltung überwiegen die Stilelemente der Neugotik. Die Einzelgebäude und Türme sind durch Treppen verbunden. Die Innenräume sind repräsentativ ausgestattet mit Kassettendecken, Wandtäfelungen und Parkettböden. Sehenswert die Schloßkapelle, der Festsaal und die Königszimmer. In 36 Zimmern beherbergt das Schloß das **Schloßmuseum**.

Spazier- und Wanderwege

Tiergarten-Christianental, Schloß, Forellenbrunnen, Blumeweg, um den Schloßberg herum, am Agnesberg entlang, an den Tennisplätzen Eingang ins Christianental mit Wildgehege, 1 Std. – Marstall, Wiesenpfad, Augustenallee, Gebranntes Eichental, Christianentalteiche,